L'esprit de Tibhirine

Frère Jean-Pierre
et Nicolas Ballet

L'esprit de Tibhirine

Éditions du Seuil
25, bd Romain-Rolland, Paris XIVᵉ

ISBN 978-2-02-108541-9

www.seuil.com

« Finissons-en donc avec ces jugements les uns sur les autres : jugez plutôt qu'il ne faut rien mettre devant votre frère qui le fasse buter ou tomber. »

Épître aux Romains, 14,13

« [...] Bien-aimé, allons vers l'union
Allons la main dans la main
Entrons en la présence de la Vérité
Qu'Elle soit notre juge
et imprime son sceau sur Notre union
à jamais. »

Ibn ul-Arabî, *Vers l'union*

Ce livre s'appuie sur des entretiens approfondis avec le père Jean-Pierre Schumacher, menés pendant une trentaine d'heures par Nicolas Ballet au monastère Notre-Dame de l'Atlas, à Midelt (Maroc). Ce dernier a effectué dans ce monastère trois séjours en immersion complète, d'une durée totale d'un mois et demi, en avril 2011, août 2011 et février 2012. Les chapitres 1, 2, 3, 4 et 5, dans lesquels le moine témoigne de son parcours et de celui de ses frères, ont été construits et rédigés par Nicolas Ballet, avec l'appui de l'éditeur, puis soumis pour validation à la communauté Notre-Dame de l'Atlas. Une importante documentation a été réunie par Nicolas Ballet pour faire vivre le récit au stade de l'écriture, tout en procédant aux vérifications historiques nécessaires, lorsque cela était possible : archives privées du père Jean-Pierre Schumacher et de la famille de frère Paul Favre-Miville, l'un des sept martyrs ; extraits oraux du diaire – confidentiel – de Tibhirine (1993/1996) lu en février 2012 par les moines à Midelt ; observation prolongée de la vie quotidienne du monastère et du dialogue entre chrétiens et musulmans sur place ; consultation de livres spécialisés et nombreux échanges avec des personnes ressources dont la liste se trouve indiquée dans les « remerciements », en fin d'ouvrage. Un déplacement de Nicolas Ballet en Algérie en juin 2012 (Alger, Médéa et Tibhirine) a permis de compléter cette recherche et d'affiner les descriptions. Le prologue, les intermèdes entre chaque chapitre (reportages au Maroc et en Suisse), ainsi que l'épilogue sur Tibhirine, sont de Nicolas Ballet. Ils ont également été soumis pour relecture aux intéressés, afin d'écarter tout risque de mauvaise interprétation de leurs propos. Si certains interlocuteurs qui s'expriment dans les reportages ne sont pas nommés, c'est délibérément – par souci de les protéger.

Ce projet est le seul à avoir reçu la pleine approbation du monastère de Notre-Dame de l'Atlas à Midelt pour être publié du vivant de père Jean-Pierre, démarche exceptionnelle chez des moines trappistes.

Ultime précision : les moines désignés dans ce livre par le terme de « père » sont ceux qui ont été ordonnés prêtre. Le terme de « frère » désigne les autres. Mais cette dernière appellation peut s'appliquer indifférem-ment à l'ensemble des membres d'une communauté.

PROLOGUE

J'ai pressé le bouton de la sonnette. Quelques minutes plus tard, j'entends des bruits de pas derrière le grand portail beige. Un petit homme apparaît avec une veste polaire par-dessus son habit cistercien. Il s'avance vers moi en souriant pour me donner l'accolade monastique. Son front se pose contre le mien – à gauche, puis à droite. « Tu as fait bon voyage ? » me demande frère Jean-Pierre. Il sait combien la route est longue pour rejoindre Midelt…

En ce début du mois de février 2012, je reviens au monastère Notre-Dame de l'Atlas pour la troisième fois. Très exactement un an après avoir interviewé, par téléphone, de Lyon, le dernier survivant de Tibhirine, pour un article dans *Le Progrès*. Frère Jean-Pierre s'y était exprimé sur les circonstances du rapt, auquel il avait échappé par miracle, le 27 mars 1996, en Algérie. Si l'on m'avait dit que je me retrouverais un jour à écrire un livre avec lui, je n'y aurais pas cru.

Cette idée ne s'est pas imposée en une fois. Elle a surgi sans que je le veuille vraiment, juste après ma toute première visite au Maroc. C'était en avril 2011. J'avais naturellement éprouvé le besoin d'effectuer ce voyage après l'interview dont je viens de parler. Je voulais faire la connaissance de frère Jean-Pierre et de sa communauté, installée là depuis une dizaine d'années. Au téléphone, sa voix claire et enthousiaste m'avait ému. Elle me semblait en résonance avec les propos pacifiques et courageux qu'il tenait – j'écris « courageux », compte tenu des épreuves vécues, comme par de trop nombreux autres, pendant la guerre qui sévit en Algérie durant les années 1990.

Ce que j'avais découvert dans leur beau monastère en pisé – simplicité, dépouillement, ascèse joyeusement vécue dans le partage quotidien avec les musulmans – m'avait paru rempli de sens. Cette aventure humaine à laquelle je me trouvais associé, ne pouvait s'arrêter comme cela, du jour au lendemain. Je sentais bien aussi qu'un héritage plus ou moins conscient somnolait en moi et ne demandait qu'à se réveiller. Mon grand-oncle maternel, prêtre du diocèse de Lyon et figure de la Chronique sociale, avait connu – comme tant d'autres – certains des martyrs de l'Atlas. Il vivait lui-même au milieu des musulmans, partageant avec eux, jusqu'à la fin, quelques-uns de ses repas dans une HLM d'Écully. Alors que faire ? En rentrant en France, fin avril 2011, la réponse m'est venue sous la forme d'une autre interrogation : « Pourquoi ne pas rédiger un livre avec frère Jean-Pierre ? »

Je me souviens d'être allé acheter un beau papier à lettres et d'avoir réfléchi des heures à ce que je pourrais lui écrire. Lorsque la tâche fut accomplie, j'ai scellé l'enveloppe. Elle est restée posée pendant quinze jours sur la commode de mon appartement. Je ne parvenais pas à me décider à l'expédier. Ma démarche avait peu de chances d'aboutir. Et si la réponse était positive, j'allais devoir m'astreindre à de longs mois de labeur solitaire. Au bout de deux semaines, voyant ma motivation s'étioler, j'ai pensé qu'il était temps d'agir. D'une pichenette, j'ai envoyé le courrier vers le fond de la boîte aux lettres.

Sa réponse, que je n'attendais plus, est tombée dans ma boîte mail trois semaines plus tard. C'était « oui ». Je n'ai pas sauté de joie car je mesurais la difficulté du sujet et son caractère sensible. Déjà, Jean-Pierre me faisait savoir qu'il acceptait volontiers ce projet, avec l'accord de ses supérieurs, à condition de ne pas être trop mis en avant – ce qui est tout à fait compréhensible de la part d'un moine trappiste engagé dans la recherche de l'humilité. S'il était d'accord, c'était pour essayer de contribuer, modestement, à faire comprendre le message de Tibhirine et de ses frères tragiquement disparus – esprit de don, fidélité à l'autre, différent.

Il allait donc falloir trouver un équilibre. Et veiller, aussi, à ne pas déformer des propos qui pourraient être mal interprétés localement, la question religieuse devant toujours être maniée avec des pincettes au Maghreb – ce serait, plus tard, l'objet du travail d'écriture et tout son intérêt.

Je suis reparti à Midelt au mois d'août 2011 pour une longue série d'entretiens, pendant deux semaines. La chaleur était écrasante. Une satanée figue de Barbarie a failli avoir raison de mon obstination. Ce travail était bien plus éprouvant encore pour frère Jean-Pierre, âgé alors de 87 ans (il en a aujourd'hui 88). De mon côté, ne sachant au début pas trop où j'allais, je prenais sur moi pour surmonter obstacles intérieurs et fatigue physique. Midelt se mérite. Pour accéder à cette ville de quelque

40 000 habitants, « posée » sur un plateau entre Moyen et Haut Atlas, cinq à six heures de car sont nécessaires depuis Fès. Beaucoup de ces lignes arrivent à destination en plein milieu de la nuit. Il ne faut pas craindre d'avoir les genoux compressés derrière les sièges, pendant des centaines de kilomètres, même si, de jour, le paysage splendide des forêts de cèdres de l'Atlas suffit à faire oublier ces petits tracas articulaires. Je songeais à une métaphore des mystiques musulmans soufis en Algérie, que le frère Jean-Pierre m'avait rapportée : « Une olive, pour donner une bonne huile, doit être pressée, noyau compris ».
Avec Jean-Pierre et ses frères, nous avons cheminé ensemble de longs mois pour tenter d'extraire un peu de l'essence de l'esprit de Tibhirine, dans ce petit « laboratoire » monastique de Midelt, qui est comme la continuation de l'expérience algérienne sous une autre forme. Je suis de nouveau retourné au Maroc en février 2012. Le froid était vif : – 10 °C dehors, et à peine 2 ou 3 °C dans ma cellule sans chauffage. J'avais superposé cinq épaisseurs de vêtements pour tenter de dormir. Un soir, j'ai entendu frapper à ma porte. C'était frère Jean-Pierre. Il m'apportait un poêle à gaz sur roulettes, qu'il m'a lui-même allumé... Le lendemain, lui qui aime tant regarder les étoiles a pu contempler Jupiter avec le petit télescope que j'avais réussi à caser dans mes bagages. Il pouvait bien faire froid, désormais !

Chaque matin, nous avons renouvelé « l'exercice » rituel de l'entretien, dans la salle du chapitre. Il s'y est prêté de bonne grâce, malgré la lourdeur de ses occupations monastiques, entre prière à heures fixes et accueil des visiteurs. Au fil des semaines, la confiance s'est installée. Si bien que les confidences sont allées très loin, de part et d'autre, et beaucoup plus loin que je ne l'aurais imaginé. Le contenu du livre allait en être sensiblement enrichi, m'incitant à étendre l'enquête spirituelle et à me lancer dans des reportages imprévus, en Suisse et en Algérie.

Tout n'avait pas été dit sur Tibhirine. Frère Jean-Pierre, comme le lecteur pourra lui-même s'en rendre compte, a dévoilé au cours de cet échange des informations totalement nouvelles sur l'histoire de cette aventure trappiste originale, dramatique et pleine d'espérance à la fois.

Ces entretiens n'étaient pas des entretiens classiques. Parfois, souvent même, un point précis sur lequel je l'interrogeais le conduisait loin de là, dans les chambres les plus secrètes de sa mémoire. Il m'a fallu être patient. Apprendre à le connaître (et lui, me découvrir). À me discipliner aussi : j'étais parfois brouillon dans mes demandes – l'air des cimes ne me vaut rien.

Il lui arrivait d'être silencieux, et à d'autres moments, plus loquace. J'ai aimé ses haussements d'épaules accompagnés d'un sourire embarrassé pour dire : « Je ne sais pas. » J'aurais rêvé de pouvoir écrire avec lui et ses frères un livre qui aurait été constitué pour moitié de pages blanches.

Mais j'ai trop parlé. J'ai déjà trop fait attendre frère Jean-Pierre qui, je le sais bien, n'osera jamais protester. Il est assis sur un canapé d'angle en tissu berbère, au monastère de Midelt. Il porte son éternel petit bonnet musulman acheté à Fès. Il raconte Tibhirine. Écoutons-le.

Sur le chemin de Dieu dans le clair-obscur de la foi...

Au jour de mon engagement solennel comme moine dans l'Abbaye de Notre Dame de Timadeuc en Bretagne, je pensais que ma demeure était en ce lieu jusqu'à la fin de ma vie selon le contenu de cette promesse à Dieu. C'était le 20 Août 1964. J'avais 40 ans...

En Algérie la guerre d'indépendance venait de prendre fin deux ans plus tôt. Elle avait été très meurtrière. La plupart des Européens d'origine avait quitté le pays; l'Eglise était réduite à peu de chose. L'Algérie prenait sa destinée en main; un nouvel avenir était à promouvoir. Le cardinal Duval, Archevêque d'Alger, qui aimait le pays, était convaincu que l'Eglise devait repenser sa présence en fonction du peuple désormais en grande majorité musulmane. Il disait: « en Algérie, comme il se doit, l'Eglise n'a pas choisi d'être étrangère, mais d'être Algérienne...» - « Il est désormais demandé aux fidèles d'être partenaires actifs de la reconstruction du pays; l'heure est au dynamisme et à l'enthousiasme...»

Dans ce contexte de nouveau départ le cardinal a tenu à ce que le monastère N.D. de l'Atlas non seulement ne soit pas fermé mais qu'il ait sa place propre dans ce renouveau de l'Eglise en Algérie. Il obtint que plusieurs monastères envoient des religieux pour cette relance.

Mon nom s'est trouvé sur la liste des 4 désignés par la commu-

nauté de Timadeuc. J'ai ressenti cela comme le
signe d'un nouvel appel de Dieu et comme un
envoi par la communauté…. C'était l'enthousias-
me et une grande reconnaissance. Ma vie
prenait une nouvelle orientation et dans
mon cœur c'était une offrande pour toujours
au service de la mission de N. D. de l'Atlas
en Algérie : construire une petite communauté
implantée en plein milieu musulman, vivant
pauvre parmi les pauvres selon ces paroles
du cardinal :

« l'amour fraternel est un puissant
levier pour sauver le monde…»

Les documents du Concile Vatican II étaient
là aussi pour baliser la route, en parti-
culier ceux qui avaient trait à la rela-
tion avec l'Islam et avec les religions non-
chrétiennes : un programme, une grâce.

Plus tard une nouvelle
lumière est venue préciser cette relation
avec les gens, venue de partages avec un
groupe de musulmans soufis : le sym-
bole de l'échelle double à deux montants.
Posée à terre, son sommet touche au ciel.
«…Nous montons d'un côté, vous de l'autre ;
chacun va vers le sommet où il désire re-
joindre Dieu… il le fait suivant le chemin
("tariqa") de sa propre foi. Plus nous nous
approchons du sommet et de Dieu, plus
nous nous rapprochons aussi les uns
des autres…. et, réciproquement, plus nous
nous rapprochons les uns des autres : par
l'amitié, le respect, la bienveillance, plus
nous nous rapprochons de Dieu…»

Vivre cela au jour le jour, dans la convivialité, c'est être attentif à l'autre, le regarder dans sa relation à Dieu et percevoir alors en lui le travail de l'Esprit Saint.... s'en réjouir, l'encourager, profiter soi-même de l'exemple qu'il donne, et, finalement cheminer ensemble la main dans la main. C'est faire en soi des vœux pour qu'il devienne de mieux en mieux ce qu'il est déjà, du fait de sa docilité à Dieu.

Finalement ne voit-on pas comment la relation à Dieu et entre frères vécue ainsi en profondeur unit les êtres, que jamais elle ne violente la foi de l'autre ni sa liberté... elle épanouit les êtres.

«... l'amour fraternel est un puissant levier pour sauver le monde...»

Quel programme merveilleuse pour notre monastère en terre d'Islam et en milieu musulman. Je vous souhaite cela à tous dans vos relations, dans votre milieu de vie quel qu'il soit, même dans votre vie de couple et de relation avec des gens d'autre culture humaine : former ainsi des écoles de divine charité inspirées du même esprit, de la même invincible espérance. C'est l'avenir de notre monde qui est là.

fr. Jean-Pierre

Midelt 20 septembre 2011

CHAPITRE I

Le survivant

Ce qui n'avait pas été dit sur la nuit du rapt

L'Atlas reverdissait et des paysans algériens fauchaient déjà leur herbe en montagne. C'était le début du printemps à Tibhirine et il s'en dégageait, pour la première fois peut-être depuis quatre ans, un timide parfum de renaissance. Je sens, aujourd'hui encore, l'odeur poivrée des eucalyptus et – plus marquante encore dans mon souvenir – celle, résineuse, des conifères. Je revois le verger avec ses pommiers et pruniers bientôt en fleurs, mais aussi les tilleuls et les figuiers qui dégringolaient la pente, en contrebas du monastère. J'entends le concert féerique dont les oiseaux nous gratifiaient, dès l'aube, à l'oraison : certains d'entre eux construisaient des nids suspendus, si nombreux que les arbres semblaient parfois chargés de fruits. Dans les forêts des collines environnantes, les coups de feu s'étaient comme mis en sourdine pour laisser s'épanouir, peu à peu, une nature flamboyante.

En cette fin du mois de mars 1996, les neiges de février avaient fondu et nous ressentions depuis quelques semaines un minuscule début d'accalmie dans cette Algérie secouée par la guerre civile. Les accrochages entre ceux que nous appelions « frères de la plaine »

(les militaires) et « frères de la montagne » (les maquisards islamistes) par souci de ne prendre le parti d'aucun d'entre eux afin de les amener à se réconcilier, se faisaient plus sporadiques. S'il y avait encore eu des tués, début mars, près de Tibhirine, où des villageois vivaient dans la peur, les attentats paraissaient un peu moins nombreux que d'habitude à travers le pays. Pourquoi ? Je l'ignore. Mais notre communauté monastique retrouvait là un peu de l'oxygène qui lui avait fait défaut les mois précédents.
Il restait, bien sûr, toujours aussi difficile de s'approvisionner sur le marché de Médéa, où les produits essentiels, comme la farine, venaient à manquer ; et quand nous regardions le massif de Tamesguida, il était impossible de ne pas remarquer ces taches noires au milieu de la verdure, laissées par les incendies que l'armée allumait, dans l'épaisse végétation de chênes verts, pour empêcher les insurgés de s'y cacher. Elles nous rappelaient que le calme demeurait précaire.

L'éclaircie, pourtant, se confirmait bel et bien et l'un d'entre nous devait s'en réjouir particulièrement : frère Luc. Médecin de formation, il s'occupait du dispensaire et avait parfois été contraint – à son grand désespoir – d'interrompre les soins aux habitants faute de médicaments. Mais le 11 mars, miracle ! Notre infortuné compagnon avait reçu plusieurs colis expédiés deux mois plus tôt du Maine-et-Loire par l'abbaye de Bellefontaine, amie de Tibhirine* : les véhicules circulaient

* Trois moines de Tibhirine provenaient, à l'origine, de cette abbaye : père Bruno, père Célestin et frère Michel. L'ancien abbé

un peu mieux sur les routes encombrées de barrages, souvent constitués de simples troncs d'arbres.
Aussi notre prieur, Christian de Chergé, décida-t-il avec d'autres d'organiser, après trois ans d'interruption, une nouvelle réunion du Ribât el-Salâm. Ce « lien de la paix » très fraternel permettait d'échanger avec quelques mystiques musulmans soufis de Médéa, issus de la confrérie Alâwiyya basée à Mostaganem*. Leur responsable (*cheikh*) leur interdisant toujours de se rendre à notre prieuré pour des raisons de sécurité, la reprise du Ribât allait se faire avec ses seuls participants chrétiens – des religieuses et des prêtres.
Le mardi 26 mars 1996, une dizaine de personnes étaient arrivées d'Alger, de Constantine et d'Oran, dont Thierry Becker, le vicaire général de Mgr Pierre Claverie, évêque d'Oran. À cette époque, et en raison notamment de ma charge de commissionnaire, je n'étais pas impliqué dans la préparation du Ribât, qui était surtout l'affaire de père Christian, de frère Chris-

---

de Bellefontaine, le père Étienne Baudry, a toujours entretenu des liens très étroits avec Notre-Dame de l'Atlas.

* La confrérie soufie Alâwiyya a été fondée en 1909 à Mostaganem (Algérie) par le *cheikh* Ahmad Ibn Mustafâ Al-'Alâwî. Ce mouvement musulman non prosélyte, qui regroupe aujourd'hui des dizaines de milliers d'adeptes à travers le monde, incarne, aux côtés d'autres confréries soufies, la voie spirituelle de l'islam au service d'une paix tant intérieure qu'extérieure. Au-delà des habituels clivages religieux ou sociaux, l'association internationale soufie Alâwiyya se donne pour projet de concourir humblement à l'avènement d'une fraternité universelle authentique. Le *cheikh* algérien Khaled Bentounès est aujourd'hui son chef spirituel.

tophe et de frère Michel. Je ne saurais donc témoigner de ce qui s'y est dit ou de ce qui devait s'y dire. D'autant que, ce jour-là, nous avions dû descendre à Alger dans notre vieille 4L avec père Amédée pour y accomplir des formalités administratives et pour ramener frère Paul de l'aéroport. Il rentrait de sa Haute-Savoie natale, où il était allé prendre du repos et visiter sa mère souffrante. Paul nous revenait les bras chargés de victuailles, mais aussi de plants d'arbustes et de pelles qui devaient servir au jardin communautaire – des parcelles que nous partagions avec nos voisins et amis musulmans, sous la responsabilité de frère Christophe.

Ce fut une joie de retrouver frère Paul au caractère toujours jovial, et un réconfort de voir la communauté ainsi reconstituée en ces temps troublés ! En début de soirée, la ferveur n'en fut que plus grande à la chapelle du monastère. Cette joie se mêlait toutefois de sentiments contradictoires, que personne n'osait véritablement exprimer. Une tension se lisait par moments sur le visage de frère Paul. Quitter de nouveau les siens l'avait quelque peu éprouvé car il savait le climat de danger régnant en Algérie. N'avait-il pas déclaré à ses proches, avant de partir : « Ces pelles, je les emporte avec moi pour creuser nos tombes » ?

Chacun tentait de conjurer le mauvais sort et de dominer sa peur comme il le pouvait. Tout le monde avait conscience que frère Paul se retrouvait, à l'image de nous tous, exposé de nouveau aux incertitudes de la guerre civile. Mais ce soir-là, il n'était nullement question de se laisser envahir par de mauvaises pensées et de gâcher le bonheur des retrouvailles. Les uns et les autres reprirent vite leur place pour retourner à leurs occupations habituelles. Dieu ne pouvait attendre ! Moi-même, il me fallait accomplir mon travail de portier. Après le repas servi au réfectoire, et passé l'office de complies à 20 heures, je suis allé, comme chaque jour, fermer le portail de la propriété. Puis, j'ai rejoint le bâtiment de la porterie pour me coucher sans tarder : tous les matins, les moines doivent se lever à 3 h 15 pour le premier office de vigiles.

Pourtant, cette nuit-là, ce n'est pas le tintement de la cloche du monastère qui m'a tiré du sommeil. Le bruit inhabituel d'une conversation devant le portail, à une dizaine de mètres de ma chambre, parvenait à mes oreilles. En regardant ma montre, j'ai vu qu'il n'était pas encore le moment de se rendre à la chapelle. Le cadran affichait 1 heure du matin. Que se passait-il ? J'ai pensé qu'il s'agissait peut-être de « frères de la montagne », qui avaient besoin de consulter frère Luc. Son dispensaire se trouvait juste à côté. Il était arrivé, les mois précédents, que certains d'entre eux se présentent ainsi pour se faire soigner en début de soirée, sauf un jour, où ils avaient débarqué en plein après-midi, stationnant leur voiture près de l'école en dessous de notre propriété.

Tout en songeant à cette éventualité, je remarquais, et ce fait me parut étrange, que la conversation continuait dehors, sans que qui que ce soit ne frappe au portail pour que je vienne lui ouvrir. Sans éclairer ma lampe, j'ai bondi de mon lit pour aller à ma fenêtre. Elle donnait sur le mur d'enceinte du monastère, qui était pourvu d'une petite porte en métal. Quand j'ai soulevé un coin du rideau, j'ai aperçu, à une quinzaine de mètres, une personne se faufiler par cette ouverture*. Malgré l'obscurité, je pouvais distinguer un homme en turban, portant une arme en bandoulière, probablement une kalachnikov. Cet individu a semblé se diriger vers ceux qui parlaient devant le portail, à la droite de ma fenêtre, et que je ne pouvais voir de là où j'étais. Après avoir longé la porterie, le même homme est, par la suite, entré au rez-de-chaussée du monastère, là où dormait frère Luc.

Je n'étais pas très rassuré et je me sentais mal à l'aise. Je me suis agenouillé à côté de mon lit pour prier et pour demander au Seigneur de nous protéger. Il s'est alors passé quelque chose que je n'avais jamais raconté : la poignée de ma porte de chambre s'est mise à grincer. Quelqu'un tentait d'ouvrir sans y parvenir. La poignée tournait dans le vide, car, comme tous les soirs avant de me coucher, j'avais décroché le loquet, par sécurité. À deux mètres à peine, je poursuivais, immobile, ma prière dans le noir. Personne ne pouvait me voir du dehors, comme le rideau était tiré derrière la porte vitrée. Il aurait suffi de casser les deux grandes vitres pour pénétrer dans la pièce. Mais l'inconnu n'a pas insisté. Il est reparti aussitôt, pensant sans doute le local inoccupé.

Quelques minutes après, la discussion a repris son cours au loin, à l'extérieur. J'ai reconnu la voix de Christian. « Qui est le chef ? » interrogea notre prieur. De l'entendre m'a soulagé car j'ai pensé : « C'est sans doute

* Voir en fin d'ouvrage le plan du monastère de Tibhirine la nuit de l'enlèvement, dessiné par le frère Jean-Pierre.

lui, Christian, qui a ouvert le portail pour entrer en contact avec leur responsable. S'il est avec eux, alors tout va bien. » La réponse qui a suivi, une poignée de secondes plus tard, m'a fait comprendre que la situation n'était plus tout à fait normale et pouvait peut-être même devenir dangereuse. Un membre du groupe a lancé à Christian, en arabe : « C'est lui le chef, il faut lui obéir ! » C'était débité sur un ton tranchant, impératif. Je n'étais pas tranquille. Fallait-il sortir ? Comme j'étais portier, j'aurais pu le faire. Mais puisque Christian était en train de parler avec eux, j'ai pensé : « Il se débrouille mieux que moi en arabe et il leur donnera ce qu'ils veulent… »
Je ne m'attendais pas du tout à un enlèvement mais je n'étais pas très rassuré : il pouvait arriver n'importe quoi. Au bout d'un quart d'heure environ – il était entre 1 h 15 et 1 h 30 du matin – j'ai entendu la porte qui donnait sur la rue se refermer, sans rien voir ni entendre aucun bruit de moteur. Je me suis dit que les visiteurs étaient repartis après que Christian leur eut remis ce qu'ils désiraient. Rasséréné, je suis sorti pour aller aux toilettes. Tout était calme dehors. Puis, sans me poser davantage de questions, je me suis remis au lit.

C'est alors que quelqu'un est venu frapper à ma porte. J'ai immédiatement reconnu la voix de père Amédée et suis allé lui ouvrir. Deux silhouettes me faisaient face. Il était accompagné de Thierry Becker, le vicaire général du diocèse d'Oran. Amédée, un homme courageux qui avait combattu pour la libération de la Corse et de Strasbourg pendant la Seconde Guerre mondiale, s'exprimait avec sang-froid. « Sais-tu ce qui vient d'arriver ? » me demanda-t-il. « Les frères ont été enlevés : il ne reste que toi, moi, et les gens du Ribât. »

Nous étions abasourdis et bouleversés, sans pour autant céder à la panique. À cet instant et dans les jours qui suivirent, nous n'imaginions pas une issue fatale. Pour nous, c'était certain, ils avaient été simplement pris en otage pour servir de monnaie d'échange.

Dans la foulée de l'enlèvement, j'ai raconté cette nuit-là à Amédée ce que j'avais vu de ma fenêtre et il m'a lui-même rapporté ce dont il avait été témoin. Il était lui aussi dans sa chambre qu'il fermait toujours à clé, quand les ravisseurs ont fait irruption au monastère. Sa chambre était juste à côté de celle de frère Luc. La nuit, notre médecin dormait toujours la porte ouverte pour s'oxygéner, car il souffrait d'asthme. Par le trou de la serrure, Amédée a eu le temps d'apercevoir deux hommes – qu'il ne m'a pas décrits, sans doute parce qu'il avait eu du mal à les distinguer – fouiller dans les médicaments de notre médecin, stockés dans la pièce voisine. L'un des deux s'est approché de la porte d'Amédée, qu'il a essayé d'ouvrir, en vain. « Ça n'a pas duré et ça s'est calmé d'un seul coup, comme s'il y avait eu un ordre de repli », m'a-t-il raconté.

Lorsqu'il est sorti de sa chambre, Amédée a découvert celle de frère Luc sens dessus dessous et toutes lampes allumées. La radio avait disparu. C'était aussi le désordre dans la chambre de père Christian, dans le couloir en face. Le sol était parsemé de feuilles de papier. Une machine à écrire électronique neuve et un appareil photo manquaient. Mais en dehors de ce matériel, rien n'avait été dérobé.

Ensemble, nous avons parcouru les différentes pièces. Dans la bibliothèque du scriptorium, un détail nous a sauté aux yeux : un gros fromage avait été posé bien en évidence sur le présentoir des livres. C'était l'un de ceux rapportés la veille de l'abbaye savoyarde de Tamié par frère Paul. Son étiquette de fabrication portait une croix chrétienne. Sans doute est-ce la raison pour laquelle les ravisseurs n'avaient pas osé se l'approprier. Au premier étage, les cellules des cinq autres frères – Bruno*, Célestin, Christophe, Paul et Michel – étaient vides.
Passé la stupeur, notre réflexe fut de prévenir la police et la gendarmerie. Mais impossible d'utiliser le téléphone dans la cellule de Christian : nous venions de découvrir que les fils avaient été coupés par les assaillants. Nous avons donc couru jusqu'au bureau du monastère, où les branchements étaient intacts. Lorsque j'ai décroché le combiné pour commencer à composer un numéro, il n'y avait pas de tonalité. Nous étions désemparés ! Comment faire ? Il était inenvisageable de prendre la voiture pour se rendre dans la localité la plus proche : un couvre-feu était en vigueur à l'époque en Algérie. Il n'y avait pas d'autre solution que d'attendre le lever du soleil. Nous avons célébré l'office de vigiles, avec Amédée, Thierry Becker et deux autres prêtres dont un père blanc, venus pour le Ribât. Thierry Becker voulait sonner la cloche. Amédée et moi-même l'en avons dissuadé : « Les ravisseurs risquent de revenir ! » Quant

* Père Bruno, alors supérieur de l'annexe de Fès au Maroc, était arrivé à Tibhirine le 18 mars pour participer à l'élection du prieur, prévue le 31 mars.

aux hôtes, très troublés par les événements de la nuit, ils n'avaient pas quitté leurs chambres. Des religieuses, qui logeaient dans le bâtiment de l'hôtellerie, avaient été réveillées, comme nous, en pleine nuit. À 5 heures du matin, nous nous attendions à ce que, comme tous les jours, les voisins musulmans viennent prier dans une salle aménagée pour eux tout près du monastère. Mais nous ne les avons pas vus. Ils avaient dû avoir peur de sortir. Ils sont arrivés plus tard. L'un d'eux avait retrouvé la robe monacale de frère Michel sur un chemin de montagne, à dix minutes de marche de notre propriété. Dès la levée du couvre-feu, nous avons renvoyé tous les participants au Ribât en leur recommandant de filer avant l'arrivée de la police. Ce conseil valait aussi pour un ami algérien arrivé la veille de Blida, auquel sa présence à Tibhirine aurait pu valoir des ennuis de la part des autorités. Le père blanc voulait que nous partions tous pour Alger, y compris Amédée et moi-même. Nous lui avons répondu fermement : « Non ! Nous restons ! » Il était hors de question d'abandonner les lieux. Qui sait si nous aurions pu y revenir ensuite ?

Tandis qu'Amédée restait pour garder l'enclos, nous sommes montés dans notre voiture avec Thierry Becker pour nous rendre à la caserne de l'armée, dans le village de Drâ es-Smar, à 3 kilomètres ; j'en connaissais le capitaine. La sentinelle de la caserne m'a fait savoir que le chef n'était pas arrivé à son bureau et ne pouvait nous recevoir. Nous avons poussé notre trajet jusqu'à la gendarmerie de Médéa. Le commandant, que je connaissais bien lui aussi, nous a très bien reçus. Il nous a permis d'utiliser le téléphone pour avertir Mgr Henri Teissier, l'archevêque d'Alger. Les gendarmes ont rédigé des rapports en arabe et en français. Nous pensions qu'ils donneraient des directives pour lancer des recherches mais, devant nous, ils ne l'ont pas fait – ce qui ne veut pas dire qu'ils ne s'en soient pas occupés après notre départ.

Puis nous sommes retournés à Tibhirine. Le long de la route, les ouvriers des PTT étaient déjà en train de réparer les câbles téléphoniques à terre sur 1 kilomètre. En arrivant au monastère, nous sommes tombés sur les enquêteurs de la Sécurité militaire. « Qu'est-ce que vous faites là ? » nous ont-ils demandé, alors même que nous étions chez nous. Ils avaient déjà longuement interrogé Amédée, mais aussi Mohammed, le gardien, qui avait dû refaire avec eux le circuit suivi par les ravisseurs. La Sécurité militaire ne m'a posé aucune question.

À 16 heures, nous avons eu ordre de les suivre avec notre voiture pour rejoindre Médéa. L'armée nous y avait réservé des chambres. « Ce soir, vous ne restez pas à Tibhirine, c'est trop dangereux. Vous allez coucher en ville, dans cet hôtel », nous intima un militaire. Nous aurions voulu dormir chez notre ami Gilles Nicolas, le curé de Médéa. Mais nous n'avions pas le choix. Avec Amédée et Thierry Becker, nous avons demandé à repasser par le monastère le lendemain matin, 28 mars, pour barricader la chapelle, rassembler nos affaires et récupérer certaines archives. Cette requête a été acceptée et il a fallu faire vite. En fin d'après-midi, vers 16 heures, un convoi sous escorte nous emmenait à toute allure vers Alger. Ce fut un crève-cœur : nous aurions voulu, si possible, rester à Tibhirine – par fidélité à notre vœu de stabilité monastique et parce que

nous pensions qu'il serait, de cette manière, plus facile de tenter des interventions pour faciliter la recherche et la libération de nos frères.
Sur la route de la capitale algérienne, les barrages s'ouvraient un à un pour nous laisser circuler. Nous avons été conduits directement à la maison diocésaine, sur les hauteurs de la capitale algérienne, où s'étaient réfugiés d'autres religieux en danger.

Au repas du soir, l'atmosphère était pesante. La pensée des frères ne nous quittait pas. Où étaient-ils ? Avec qui ? Leur sort nous préoccupait au plus haut point. Il était inconcevable que la vie de la communauté puisse s'interrompre. Ne sachant pas cuisiner, nous avions rapporté du monastère une grosse marmite pleine de haricots rouges. Frère Luc les avait fait cuire au cours de la nuit, à l'intention du groupe du Ribât, pour le repas du lendemain. Nous l'avions découverte, posée sur la cuisinière. Malgré la fatigue de ses longues journées au dispensaire, il avait une fois de plus pris la peine de préparer un plat pour ses frères, comme il le faisait chaque nuit à partir de 2 heures. Et voici que nous étions en train de servir sa préparation, en son absence… Comment ne pas en être émus ?
Nous ne sommes restés que deux jours à la maison diocésaine d'Alger. Les conditions d'hébergement étaient bien meilleures aux Glycines, un bâtiment qui abritait la bibliothèque diocésaine des étudiants algériens. Notre séjour y a duré un mois. Tous les soirs, nous espérions des nouvelles de nos frères en regardant la télévision. Hélas ! Rien… Aucune revendication, aucune piste, aucune information. Rien qui nous permette d'obte-

nir le moindre renseignement sur leur état de santé ou sur leur localisation.
Une longue et pénible attente allait commencer et se prolonger, pour ma part, au Maroc. J'ai été appelé à remplacer père Bruno – qui faisait partie des sept personnes enlevées – comme responsable de l'annexe de Tibhirine, basée à Fès. J'ai rejoint les trois moines qui étaient établis là-bas depuis janvier 1988 – père Guy, père Jean de la Croix et père Jean-Baptiste. Amédée, lui, n'est pas parti tout de suite d'Alger. Mgr Teissier souhaitait lui confier l'administration et la garde du monastère, en vue de préparer un éventuel retour. Nous étions loin de nous douter de ce qui allait suivre.

Le rouge du martyre et le sens de vies offertes à Dieu

L'Hôtel Bellevue est une ancienne résidence d'un étage avec terrasse et jardin, datant du protectorat français au Maroc. Il avait été édifié en bordure de la ville sainte de Fès, à l'extérieur des remparts, tout près de la porte dénommée Bab el-Hadid, à l'époque de la construction de la ligne de chemin de fer en direction d'Oujda. C'est en ce lieu de grande quiétude qu'avait été ouverte, en janvier 1988, l'annexe du prieuré de Tibhirine, au beau milieu d'un site baigné de ferveur musulmane : la médina aux centaines de mosquées se trouve à une dizaine de minutes à pied.
La décision d'y succéder aux religieuses des Petites Sœurs de Jésus répondait au vœu de l'archevêque de Rabat d'offrir un lieu supplémentaire de retraite spiri-

tuelle et de prière. Autre avantage de cette implantation marocaine : elle permettait d'absorber un éventuel trop-plein de population monastique à Tibhirine, et d'éviter ainsi des tensions avec les autorités algériennes. L'existence de cette base cistercienne au Maroc offrait, enfin, un précieux point de chute en cas de dispersion impromptue de la communauté de Tibhirine ; elle pouvait servir à retourner en Algérie, dans l'hypothèse où les circonstances seraient redevenues favorables.

À l'approche de l'été 1996, dans la chaleur déjà oppressante de la cuvette de Fès, nous restions dans l'attente de nouvelles de nos frères, en entretenant des contacts réguliers avec le diocèse d'Alger. L'Hôtel Bellevue nous offrait le refuge de la spiritualité, dans le réconfort de la vie communautaire. Les lieux étaient encore habités de la présence de père Bruno, le supérieur de cette annexe, mais aussi de celle de père Christian et d'autres frères, qui avaient l'habitude d'y séjourner par amitié et pour entretenir les liens avec le monastère de Tibhirine.

Du matin au soir, toute notre prière allait à nos frères enlevés pour qu'ils conservent la grâce d'être de bons témoins et qu'ils continuent de vivre leur vocation monastique là où ils se trouvaient séquestrés.

Jusqu'à ce 21 mai 1996, où un communiqué attribué au Groupe islamique armé (GIA) fut diffusé sur l'antenne de la radio Médi 1 à Tanger : « Nous avons tranché la gorge des moines, conformément à nos promesses [...] ». Un appel téléphonique de l'évêque de Tanger, Mgr Peteiro, m'informa du funeste dénouement. Il était aux environs de 18 heures et les vêpres allaient commencer. Le frère qui revenait des courses, en ville, se jeta à plat ventre devant le tabernacle de la chapelle, en s'exclamant : « Les frères sont morts ! » Après l'office et le repas, pendant que nous faisions la vaisselle ensemble, je lui dis : « Tu sais, ce que nous sommes en train de vivre n'est pas triste. C'est une chose très grande. Nous devons être à la hauteur. L'eucharistie que nous offrirons à leur mémoire ne sera pas une messe en noir ou en violet, couleurs du deuil ; elle sera en rouge, couleur du martyre et de l'amour ». Il serait bien sûr difficile de taire le choc ressenti par nous tous face à ces événements traumatisants qui signifiaient aussi la fin de toute une vie de communauté soudée et fraternelle à Tibhirine. Mais nos frères de Tibhirine avaient réussi leur vie – une vie offerte à Dieu et à l'Algérie. Ils étaient arrivés près de Lui, certainement récompensés de tout ce qu'ils avaient, jusqu'au bout, donné avec tant d'amour. Ce don ultime, c'était l'épanouissement total de leur relation avec l'islam. Je me souviens très bien que je songeai alors avec émotion au martyre de saint Cyprien, l'évêque d'Afrique du Nord condamné par le proconsul romain de Carthage à avoir la tête tranchée, au IIIe siècle de notre ère. À la mort de Cyprien, ce fut une vraie fête. Les chrétiens s'étaient rendus en procession, cierge à la main, sur le lieu de l'exécution, d'où ils avaient ramené le corps. Ils étaient allés jusqu'à étendre des linges au sol pour récupérer le sang versé. C'était la naissance des premières veillées nocturnes en l'honneur des martyrs, sans qu'il fût question de manifestations triomphales de joie. Et c'est à cet épisode aussi que nous avons songé quand fut annoncée la découverte de la tête de

nos frères, puis quand eurent lieu les obsèques, à la basilique Notre-Dame d'Afrique à Alger, le dimanche 2 juin 1996, suivies de l'inhumation au cimetière de Tibhirine.
L'amour et le martyre : à Notre-Dame d'Afrique, la messe fut célébrée en rouge, dans une grande solennité – la solennité de la Sainte-Trinité –, en présence des sept cercueils entourant celui du cardinal Duval, l'archevêque émérite d'Alger, décédé deux jours plus tôt. Le cardinal Arinzé, président du conseil pontifical pour le dialogue interreligieux, avait été envoyé par le pape Jean Paul II pour présider la cérémonie. Ainsi prenaient fin, pour Amédée et moi-même, plus de trente ans d'engagement monastique en Algérie.

Je n'étais pas triste. Je ne suis pas triste. Aujourd'hui comme hier, leurs voix résonnent profondément en moi. À tous mes frères, je repense chaque jour dans notre monastère Notre-Dame de l'Atlas, à Midelt, au Maroc, où nous sommes installés depuis mars 2000 avec le père Jean-Pierre Flachaire, devenu notre prieur, et le frère José Luis Navarro, notre frère hôtelier. Comment d'ailleurs ne pas songer à mes amis disparus, face aux majestueux sommets de l'Atlas marocain qui constituent comme un trait d'union géographique avec notre vie d'avant, à 800 kilomètres de là, en Algérie ? À Midelt, la grâce de leurs sourires m'accueille quand je pousse la porte de la petite chapelle du souvenir, décorée de leurs portraits peints par un artiste algérien qui est notre ami. Il s'y est ajouté celui de père Amédée, qui partageait notre vie ici depuis 2001, jusqu'à son rappel à Dieu, en 2008. Ainsi suis-je devenu celui que des journaux ont pu appeler « le dernier survivant des moines de Tibhirine ». Non pas que cette appellation me dérange, mais je reste, avant tout, un simple frère, engagé depuis cinquante-cinq ans dans la vie monastique, une école communautaire d'apprentissage de Dieu qui fait ma joie et m'aide à répondre aux questions qui surgissent immanquablement au cours de l'existence.

Quelles que soient les époques et les circonstances, les survivants affrontent des interrogations identiques : « Que s'est-il passé ? Et pourquoi le Seigneur nous a-t-Il gardés en vie, nous, et non point les autres ? » Tôt ou tard, les réponses viennent à condition de rester docile à la conduite de l'Esprit divin.

Les points obscurs étaient restés nombreux au lendemain de l'enlèvement. Avec Amédée, nous ne comprenions tout d'abord pas pourquoi les ravisseurs n'étaient pas venus nous chercher dans nos chambres pour nous enlever, alors même que nous figurions parmi les plus anciens arrivés en Algérie – lui en 1946 et moi-même, en 1964.

Le mystère avait été levé quelques semaines plus tard par Mohammed, le gardien du monastère. En 1997, revenant de Fès pour un bref séjour à Tibhirine, j'avais atterri à l'aéroport d'Alger. Un voisin du monastère était venu me chercher avec sa voiture. Mohammed était à l'arrière. Je me suis assis à côté de lui. Pendant le trajet, je lui ai demandé de me raconter comment il avait vécu le drame de l'enlèvement des frères. Ses explications furent éclairantes.

Dans la nuit du 26 au 27 mars 1996, les ravisseurs se sont présentés à son domicile (il habitait un bâtiment à l'écart du monastère) en lui ordonnant de les conduire chez le docteur, frère Luc, sous le prétexte – fallacieux – qu'ils avaient « deux blessés à faire soigner ». Il leur a répondu : « Je ne peux pas, car les pères m'ont interdit de travailler la nuit. » Les hommes se sont faits plus menaçants et Mohammed les a emmenés, non pas chez frère Luc, mais chez frère Christian « parce qu'il était le supérieur ».

Comment sont-ils parvenus à s'introduire dans le monastère ? L'un des ravisseurs a sans doute enjambé un mur pour ouvrir, de l'intérieur, la petite porte métallique face à la porterie. Puis ils ont pris l'escalier qui descend vers la cour inférieure du monastère donnant sur les jardins. Et là, ils ont pu entrer en passant par les sous-sols : une porte de service à double battant, qui avait du jeu, s'est ouverte après qu'ils l'eurent secouée. « Où va-t-on ? Il y a des portes partout ! » s'est ensuite énervé l'un des membres du groupe, pensant peut-être que notre gardien cherchait à les semer ou à leur tendre un piège.

Parvenu devant la chambre de Christian, le chef des ravisseurs a déclaré à Mohammed : « C'est moi qui frappe à la porte et c'est toi qui lui réponds ». Le prieur a ouvert. Ils se sont engouffrés dans la pièce avant de se rendre chez frère Luc, qui avait sa cellule dans la grande pièce voisine. À ce moment a eu lieu la discussion qui m'a réveillé. Ils étaient ressortis dans la cour de la porterie avec Christian et Luc, après avoir ouvert de l'intérieur le grand portail tout près de ma loge.

À Mohammed, ils ont demandé : « Ils sont bien sept ? » Et il leur a répondu : « C'est comme vous dites. » Or, nous étions neuf. C'est ainsi qu'Amédée et moi-même

avons eu la vie sauve. Ensuite, les ravisseurs sont montés à l'étage vers les cellules des autres frères – Bruno, Célestin, Christophe, Michel et Paul. En redescendant l'escalier, Mohammed a entendu l'un des assaillants murmurer à un autre : « Va chercher une ficelle ! Celui-là, il va voir ce qu'est le GIA. » Il a compris qu'ils voulaient l'égorger. Profitant d'un moment d'inattention de leur part, notre gardien a réussi à leur échapper pour se réfugier dans le jardin de notre vaste propriété, où il est resté caché jusqu'au matin. Pourquoi les preneurs d'otages ne l'ont-ils pas poursuivi ou n'ont-ils pas ouvert le feu ? Sans doute parce qu'ils disposaient de peu de temps et parce que leur opération devait être menée le plus discrètement et le plus rapidement possible.
Le matin suivant l'enlèvement, je me souviens avoir retrouvé Mohammed affalé sur une table, complètement effondré. Quand je suis entré dans la pièce où il se trouvait, il m'a regardé avec désespoir, pour replonger aussitôt la tête entre les bras. Il ne voulait rien manger. Il avait des liens très étroits avec nous. Il était un véritable et fidèle ami à qui, depuis des années, nous donnions du travail. Christian aimait s'entretenir avec lui sur la vie spirituelle. Notre gardien a tout fait pour sauver le plus grand nombre de personnes possible pendant l'enlèvement. Lorsqu'il était monté à l'étage avec les ravisseurs, il avait aperçu Thierry Becker entrouvrir la porte du couloir qui donnait sur les cellules des frères. Le vicaire général du diocèse d'Oran était sorti de sa chambre, pensant peut-être que Célestin, récemment opéré du cœur, avait été pris d'un malaise nocturne. D'un regard, Mohammed lui fit comprendre qu'il ne devait pas se montrer. Ce

geste permit d'ailleurs à notre gardien d'être remis en liberté, plus tard, par les autorités algériennes, alors qu'il avait été arrêté pour soupçon injuste de complicité avec les assaillants*.

Seize ans après, je m'interroge encore. Qui donc étaient ces assaillants ? Qui a pu commanditer ce rapt ? Je n'ai aucune réponse et n'aime guère répondre à cette question, faute de certitudes. Nous faisons confiance au juge d'instruction français Marc Trévidic qui travaille sur ce dossier avec un réel souci de décrypter la vérité, tout comme nous faisons confiance à dom Armand Veilleux, l'ancien procureur général de l'Ordre trappiste, qui nous informe des derniers développements de l'enquête. Connaître la vérité serait un soulagement pour tous.

* Des informations inédites recueillies par Nicolas Ballet en Algérie permettent de retracer plus précisément le déroulement de cet épisode. Ce n'est pas Thierry Becker – comme l'a cru cette nuit-là Mohammed – qui a entrouvert la porte du couloir donnant sur les cellules des frères, mais un autre prêtre du Ribât, hébergé dans la même partie du bâtiment que le vicaire général du diocèse d'Oran. Ce prêtre, un père blanc, est venu réveiller Thierry Becker en lui disant : « Il se passe quelque chose de grave chez les moines. » Thierry Becker l'a rejoint derrière la porte de communication, sans pouvoir apercevoir la scène. Il est établi que Mohammed a fait signe au père blanc de ne pas bouger. D'après un témoignage partiel, le père Célestin, l'un des sept trappistes enlevés, tournait le dos à la porte de communication, comme pour la cacher aux ravisseurs : peut-être a-t-il cherché par là à protéger les hôtes. Il aurait lui aussi fait un signe de la tête au père blanc pour le dissuader de se manifester. Après le départ du commando, les prêtres se sont retranchés dans leurs chambres, se préparant au pire. C'est Amédée qui est venu les chercher, aux alentours de 2 heures du matin.

Méditons, une fois encore, cette phrase du testament de Christian de Chergé : « Je ne vois pas, en effet, comment je pourrais me réjouir que ce peuple que j'aime soit indistinctement accusé de mon meurtre. » Nous cheminons, je crois, peu à peu vers la vérité. Tôt ou tard, des personnes finiront par parler.

En ce qui me concerne, il m'est impossible de tirer la moindre conclusion des faits dont j'ai pu être le témoin. Je repense à la cassette que les ravisseurs avaient adressée à l'ambassade de France à Alger. À l'automne 1996, un chapitre général de l'Ordre se tenait à Rome. Des abbesses en relation avec l'abbaye de Bellefontaine m'avaient proposé d'écouter cet enregistrement de la voix des frères pendant leur captivité. J'avais accepté car j'éprouvais le besoin de savoir si mes frères étaient paisibles – ce qu'ils étaient. Seule la voix de Christian était moins assurée que d'habitude. Je le sentais triste ; le poids de sa responsabilité pastorale envers ses frères devait lui peser. Frère Luc, lui, avait gardé son humour habituel. Contraint de décliner son identité au micro, il eut la réplique suivante : « [...] Je me trouve avec mes collègues, en otage par la... comment ça s'appelle ? *(silence)* La Djamaâ... islamiya [...] » Je remarquai surtout le ton moqueur et quelque peu méprisant des ravisseurs. Les frères paraissaient relativement calmes et n'avaient pas l'air d'avoir été violentés. Plus tard, j'ai réécouté cette cassette pour tenter d'identifier un lieu de détention. Quelques coups de Klaxon, des bruits sourds de circulation... Rien de bien concluant. Se trouvaient-ils dans une ville ? Près d'une route ? Et aux mains de qui ? Je ne saurais le dire. Même en y réfléchissant de manière plus approfondie, je ne vois pas d'indice probant, à l'exception peut-être d'un seul, d'ailleurs assez ténu. À Tibhirine, deux ou trois jours avant l'enlèvement, nous aurions dû prêter davantage attention à ces allées et venues suspectes d'un homme autour de notre propriété. Il avait été aperçu par Ali, le jardinier, qui m'avait déclaré ne jamais l'avoir vu jusqu'alors dans les parages. Cet individu qu'il ne m'avait pas décrit en détail était-il là pour effectuer des repérages ? C'est possible, car il n'avait pas pénétré dans l'enceinte du monastère, ni n'était venu se faire soigner au dispensaire…

Si les informations données par Mohammed, notre gardien, m'ont permis de mieux comprendre les circonstances du rapt, je restais intrigué par ce mystère : « Pourquoi le Seigneur avait-Il permis qu'Amédée et moi soyons gardés en vie ? Pourquoi n'est-Il pas venu nous chercher cette nuit-là ? » Je n'avais certes pas vu mes frères se faire enlever. Mais si j'avais regardé un peu plus tôt par la fenêtre, avant d'avoir entendu la porte se refermer, les aurais-je aperçus ? Et si je les avais aperçus, comment aurais-je réagi ?

Cette question m'a longtemps taraudé. En 1993, nous avions pris collectivement la décision de laisser chacun libre de faire face de son mieux à un danger imminent. Au besoin, il était possible de se cacher pour sauver sa vie. Il était prévu aussi, en cas d'enlèvement ou de dispersion, de se retrouver à Fès pour reconstituer notre communauté en vue d'un éventuel retour en Algérie ou, si cela était irréalisable, dans quelque autre pays du Maghreb de notre choix. Je crois pourtant que si j'avais vu mes frères emmenés par les ravisseurs, sans les avoir accompagnés, j'en aurais été marqué pour le restant de mes jours.

En me plongeant dans les textes de l'Écriture sainte, je me mettais en quête d'une réponse introuvable, comme si l'énigme s'ajoutait à l'énigme dans un jeu de miroirs sans fin. Une parole de l'Évangile m'était venue aussitôt après l'enlèvement : « Alors, deux hommes seront aux champs, l'un est pris, l'autre laissé ; deux femmes en train de moudre, l'une est prise, l'autre laissée » (Matthieu 24,41)*. Jésus citait cette parabole pour signifier le jugement inégal des hommes lors de son passage : « Comprenez bien : si le maître de maison avait su à quelle heure de la nuit le voleur devait venir, il aurait veillé et n'aurait pas permis qu'on perçât le mur de sa demeure. Ainsi donc, vous aussi, tenez-vous prêts, car c'est à l'heure que vous ne pensez pas que le Fils de l'homme va venir » (Matthieu 24,43-44).

Cela signifie-t-il que je n'étais pas prêt à accueillir le Seigneur la nuit de l'enlèvement ? J'en fus d'autant plus troublé que l'Évangile ne dit pas laquelle des deux personnes est la plus heureuse : celle qui est prise ou celle qui est laissée ? J'incline à penser que celle qui est enlevée est la plus heureuse. Mais il me semble que celle qui est laissée a aussi une raison d'être dans la pensée du Seigneur, bien que sa situation soit moins avantageuse.

Dans les mois qui ont suivi le rapt et la mort des frères, j'ai reçu à Fès une lettre providentielle de l'abbesse du monastère de la Fille-Dieu, en Suisse. Ce courrier, je l'ai conservé précieusement dans mes archives. Voici

* Les citations bibliques de cet ouvrage sont extraites de *La Bible de Jérusalem* (traduite en français sous la direction de l'École biblique de Jérusalem, Paris, Éditions du Cerf, 2009).

ce que cette religieuse m'écrivait : « Il y a des frères à qui il a été demandé de témoigner par le don de leur vie, et d'autres, à qui il est demandé de témoigner à travers leur vie. » Ces quelques mots m'ont soulagé du questionnement qui me hantait jusqu'alors. D'autres personnes m'ont répété la même chose, au fil des jours : « C'est pour pouvoir témoigner de tout que tu es resté. » Il y a eu un autre signe, que je n'avais jamais évoqué publiquement. Un jour de l'été 1998, à l'annexe de Fès, le plafond de ma chambre s'est effondré sur mon lit, au moment où je sortais vers la terrasse. Deux énormes poutres sont tombées à l'endroit même où ma tête aurait été posée si j'avais été allongé pour ma sieste. La Sainte Vierge m'a protégé, une fois encore. « Témoigner à travers sa vie », c'est beau, certes, mais ô combien exigeant. Je le mesure presque chaque jour entre avril et novembre, en accueillant à Midelt des groupes de touristes ou de pèlerins qui me demandent de leur parler des frères. Ils sont bien plus nombreux encore depuis que le film de Xavier Beauvois et Étienne Comar, *Des hommes et des dieux*, a fait connaître en 2010 le message de paix des moines de Tibhirine à un large public, et depuis que j'ai accepté de donner de longs entretiens à la presse française sur notre vie en Algérie et sur la nuit de l'enlèvement. Mais c'est une mission que j'accomplis – grâce à l'aide du Seigneur et, je le crois bien, selon Son désir – avec joie et reconnaissance. Non seulement il n'aurait pas été délicat de cacher ces événements qui étaient l'œuvre de Dieu, mais, en accord avec mes supérieurs, il me semblait important de faire connaître cette histoire, pour la mémoire de mes compagnons, et pour réparer quelques inexactitudes dans certains récits – comme celle qui avait pu consister à écrire que je dormais pendant la nuit où mes frères avaient été emmenés.

Le film de Xavier Beauvois a suscité un tel intérêt, et il avait tellement bien décrit l'unité qui s'était faite autour de la décision de rester à Tibhirine en dépit des dangers de la guerre civile, que j'ai éprouvé suffisamment de confiance pour m'exprimer plus avant à mon tour. Ce film, qui nous avait été envoyé avant sa diffusion, je l'ai revu trois fois déjà au monastère. Nous nous installons dans la salle du chapitre, où nous disposons d'un lecteur DVD, pour le regarder. J'éprouve une joie intime et profonde devant ces images. Notre prieur lui-même l'a visionné une dizaine de fois. Il est évident que l'Esprit-Saint y est à l'œuvre ; certains des acteurs, alors qu'ils ne sont pas croyants, y sont plus convaincants que des moines. La manière dont ils chantent à la chapelle est parfaite et bien supérieure à la nôtre – nous qui avions parfois tendance à chanter comme des casseroles !

Cette œuvre se contemple comme une icône, dans laquelle se découvrent à chaque fois des aspects nouveaux. Quiconque se recueille devant une icône de la Vierge reçoit, par la prière, le message que le peintre a bien voulu y insérer. Ainsi en va-t-il du film *Des hommes et des dieux*. La réalisation même de cette œuvre s'est effectuée avec une infinie délicatesse et un respect pour l'autre qui sont le reflet de l'esprit de Tibhirine. Nous craignions que le tournage des scènes au Maroc, à une centaine de kilomètres de Midelt, dans le monastère désaffecté de Tioumliline, ne puisse nous rendre suspects de prosélytisme aux yeux des autorités locales.

Et lorsque, avant la réalisation, Xavier Beauvois nous a sollicités, avec plusieurs acteurs, dont Loïc Pichon, qui devait tenir mon rôle à l'écran, nous avons préféré ne pas donner suite en leur confiant nos craintes – ce qu'ils ont parfaitement compris. Plus tard, notre attitude à leur égard a été tout à fait différente. Nous n'avons pas hésité à leur ouvrir nos portes après avoir découvert, à travers le film, la noblesse de leurs intentions. Peu importe si certains passages, sans doute voulus pour tenir les spectateurs en haleine, ne correspondaient pas à la réalité des faits (Amédée, qui était fort et courageux, ne se serait jamais caché sous son lit en cas de danger !). Les réalisateurs s'étaient concentrés avec beaucoup de fidélité sur le message des moines de Tibhirine. Celui de la convivialité entre frères, du partage et de l'entraide dans les moments difficiles ; celui de l'accueil mutuel possible, et chaleureux même, entre croyants de l'islam et disciples du Christ ; celui de l'ouverture à Dieu, non seulement dans la prière des offices divins mais aussi dans la soumission courageuse face au danger.

Ils avaient, en outre, tout fait pour qu'il n'y ait pas de confusion éventuelle, dans l'esprit de certains spectateurs, entre leur projet artistique et notre activité monastique au Maroc. Ainsi père Bruno est-il montré au monastère de Tibhirine arrivant de l'abbaye de Tamié en Savoie, alors qu'il venait en réalité de Fès pour participer à la prochaine élection de notre prieur. La beauté rayonnante de ce film, couronné au festival de Cannes, m'a renforcé dans ma conviction que la disparition des frères n'a pas été inutile. La mort des saints est une semence de chrétien. Leur disparition a créé du lien, et ne cesse d'en créer, par-delà les frontières. Ici à Midelt au Maroc, notre cuisinière, Ba'ha, une Berbère musulmane, a voulu regarder *Des hommes et des dieux*. Nous lui avons prêté une copie, ainsi qu'à des membres de sa famille. Ils ont été bouleversés par ce qu'ils ont vu. D'autres personnes encore nous l'ont réclamé dans le voisinage. Finalement, ce DVD devient un formidable outil de continuation du dialogue avec les musulmans. Pouvait-on rêver plus beau destin ?

Mais ce lien que j'évoquais à l'instant est aussi épistolaire. Je ne compte plus le nombre de lettres reçues du monde entier depuis la sortie du film ; à cette occasion, nombreux sont ceux à avoir découvert qu'il restait un survivant de Tibhirine. Ces lettres s'empilent sur mon bureau du scriptorium et je me fais un devoir de répondre à chacun des expéditeurs, pour les remercier de leur bienveillance – c'est un beau geste que d'écrire : ne pas répondre serait d'une grande indélicatesse. La plupart de ces courriers viennent de France. Mais il s'en trouve aussi de Belgique, de Hollande, d'Allemagne, de République tchèque ou des États-Unis. Pour Noël 2011, une cinquantaine me sont encore parvenus.
La première fois qu'elles s'adressent à moi, les personnes me parlent du film, qui fait écho à leurs réflexions ou à leurs expériences. Quand elles m'écrivent une seconde fois, c'est souvent pour évoquer des problèmes très intimes. Je pense à l'exemple d'une Française qui se demandait si elle devait définitivement quitter le Maghreb, et y laisser son compagnon musulman avec lequel elle semblait traverser une période difficile. Elle avait vu la scène du film où Christian se retirait près

d'un lac qu'elle connaissait bien. Et cette image l'a renvoyée à la situation qu'elle vivait, jusqu'à l'agiter profondément. Devait-elle partir ? Rester ? Quelles seraient les conséquences de sa décision ? Comment préserver sa famille ? La question du choix abordée par les moines de Tibhirine est universelle. Tout cela se répercutait en elle et l'amenait à se tourner vers moi pour que je l'aide à se sentir peut-être moins seule et désespérée. Sa lettre, comme d'autres, sont d'ailleurs l'indication d'un manque : se confier est un besoin de notre époque, auquel la société ne répond peut-être pas assez. Par la force du film, je suis devenu un confident, sans malheureusement pouvoir poursuivre le dialogue à distance, car les exigences de mon travail monastique ne le permettent pas. Certains nous écrivent que nous accomplissons une mission extraordinaire, alors que nous sommes des hommes comme les autres ! Nous devons rester de très humbles serviteurs de l'Évangile et du Christ, ainsi que le rappelait saint Paul à Timothée, en le mettant en garde contre l'humaine tentation qui consiste à vouloir se mettre en avant. Mais tous ces mots envoyés des quatre coins du monde me sont d'un grand réconfort et je voudrais citer ici trois extraits de courriers reçus depuis deux ans, qui pourront réjouir d'autres âmes que la mienne.
En voici un premier, qui m'a été adressé par un religieux italien :

> *Dans la poche de mon habit, j'ai toujours avec moi un petit sachet de fleurs de lavande cueillie dans le jardin de Tibhirine – un cadeau du neveu de frère Luc [...]. Ces petites fleurs sont pour moi le symbole du fruit porté*

par ces sept vies données, semées sur la terre d'Algérie. « Si le grain de blé tombé en terre ne meurt, il demeure seul ; mais s'il meurt il porte beaucoup de fruit » (Jean 12,42). De nombreux fruits naissent et naîtront de la semence généreuse de Tibhirine (œuvre du martyre de sang des sept frères assassinés et du martyre-témoignage de ceux qui sont restés fidèles). Parmi ces fruits, je compte aussi ma vocation, ma condition de frère et de prêtre aujourd'hui. Aujourd'hui, je vis dans une petite fraternité insérée dans un quartier d'immigrés. Une modeste présence de prière parmi les immigrés chinois qui vivent ici exploités dans les entreprises clandestines. C'est pour moi vivre et mettre en pratique cette leçon de la Rencontre, de la Fidélité et du Don, apprise à l'école de Tibhirine.

En Tibhirine nous puisons la force de répandre, avec l'aide du Seigneur, un message d'amour entre les hommes.

La lettre que m'a envoyée un jour Loïc Pichon, l'acteur qui me représentait dans le film de Xavier Beauvois, m'a particulièrement ému car elle montre que Tibhirine peut être une source d'inspiration, et pas seulement pour des personnes investies dans la vie religieuse :

Ton appréciation [sur le film de Xavier Beauvois] vaut largement et infiniment plus que les applaudissements du festival de Cannes [...]. Depuis la rentrée, j'ai donné une trentaine de représentations d'un spectacle théâtral intitulé La Peste. *C'est un monologue d'une heure et demie que j'ai composé d'après le roman d'Albert Camus. J'ai un grand plaisir à dire ce texte,*

> *dans lequel je retrouve un certain cousinage philosophique et humaniste avec l'histoire de Tibhirine. Et quand je suis en scène, cette appréciation, ton appréciation, me porte littéralement.*

Enfin, il y a, parmi tant d'autres belles lettres, ce courrier expédié d'Allemagne, qui dit tant sur l'espérance :

> *La force des échanges, des interrogations autant que des silences ne pouvait que toucher les cœurs de nos contemporains abrutis par les vaines sollicitations du monde actuel. Le terrible destin de vos amis n'est donc pas – à mes yeux – inutile, puisqu'il a contribué grâce au film à éveiller bien des consciences et à ébranler bien des cœurs à l'heure où la Lumière nous exhorte à sortir de notre superficialité pour nous ressaisir et nous amender. Puissiez-vous vivre en paix, frère Jean-Pierre, ainsi que votre communauté actuelle, et témoigner encore longtemps et en bonne santé de ce terrible destin, de la belle manière que vous le faites. Puissent vos frères disparus vous y aider et, dans leur grande humanité, continuer avec vous à briller dans nos cœurs comme des Lumières dans la nuit.*

Le Seigneur a vaincu le Mal car Il est resté Amour. Par la résurrection et le message qu'Il nous a légué, Il a réussi Sa vie malgré l'échec formidable qu'a été Sa crucifixion. Mes frères de Tibhirine sont allés au bout, jusqu'à l'offrande totale de leur être à Dieu, sans aucune volonté de sacrifice, mais en obéissance à l'idéal de la vie monastique qui nous unit au-delà de la vie terrestre. Pour cette raison, je n'ai jamais eu à faire de

deuil, aussi curieux que cela puisse paraître à ceux qui ont pu m'interroger à ce propos.
Jamais le lien avec les frères ne s'est rompu depuis leur mort. Il s'est même approfondi de belle manière avec le temps. La relation a continué avec eux dans la prière, beaucoup plus qu'à travers des rêves nocturnes, dont je ne conserve le plus souvent, en raison de mon âge avancé, aucun souvenir. Chaque matin à l'oraison, j'essaie de m'adresser intérieurement à eux, ne serait-ce que pour réparer certaines erreurs que j'ai pu commettre à leur égard, dans les rapports humains quotidiens à Tibhirine. Je tente aussi de mieux comprendre l'attitude de certains, lorsqu'elle avait pu, incidemment, me déplaire.
Nous avons tous nos défauts. Ainsi, depuis mon enfance, il y a cette souffrance qui me poursuit de n'avoir souvent rien à dire face aux autres et il est arrivé plusieurs fois que, lors de réunions communautaires, je ne parvienne pas à me prononcer immédiatement sur des décisions, alors que j'aurais été capable de le faire par écrit, si un temps de réflexion m'avait été donné. De cela et d'autres choses, aujourd'hui encore, je demande pardon à mes frères, car il reste possible de se pardonner mutuellement même quand l'un ou l'autre a quitté la vie terrestre. Le lien demeure pour toujours !
Que le Seigneur m'autorise à faire une confidence. Si certaines personnes ont pu voir frère Luc leur apparaître, nous avons pu percevoir d'autres manifestations de la présence des frères à nos côtés. Quand nous travaillons le matin au scriptorium du monastère de Midelt, nous sommes parfois surpris par un bruit sourd dans la bibliothèque, comme si une personne cognait

à plusieurs reprises contre le bois des étagères. Notre prieur, père Jean-Pierre Flachaire, se tourne alors vers moi et nous nous comprenons d'un regard : « C'est lui. C'est Amédée. » Des signes comme celui-là ont un sens. Vient-il solliciter notre aide parce qu'il lui manque encore toute la pureté nécessaire pour aller vers Dieu ? Ou veut-il nous adresser par là un encouragement (« Je suis là, continuez ! ») ?

Cet idéal de présence à l'islam qu'ils ont vécu, nos frères continuent de le vouloir et de l'aimer. J'ai beau être le « dernier survivant » de Tibhirine, je ne me sens jamais seul. En août 2011, j'avais fait un rêve pénible dans lequel apparaissait Mohammed, le gardien du monastère de Tibhirine. Je m'en étais ouvert, sans trop entrer dans les détails, à Omar, l'ouvrier musulman de notre monastère de Midelt. « Jean-Pierre, j'ai un remède qui te fera du bien », m'a-t-il annoncé. Peu après, il m'a offert une prière tirée du Coran. Il l'avait lui-même recopiée en arabe. « Avec ça, tu ne feras plus du tout de cauchemar », m'a-t-il juré. Cette prière, que je me suis fait traduire en français, invoque « Allah, le Clément, le Miséricordieux ». Longue d'une vingtaine de lignes, elle commande de dire, avant de s'endormir : « [...] Je cherche la protection du Seigneur de l'aube naissante, contre le mal des êtres qu'il a créés, contre le péril des ténèbres quand elles ont tout envahi [...] » Je l'ai glissée dans ma Bible. Mais à ce jour, j'ai préféré ne pas l'utiliser, parce qu'elle provoquerait l'arrêt de tout rêve, m'a prévenu Omar. Or, j'ai besoin de rêver : parfois, il m'arrive de voler comme par magie au-dessus de paysages vallonnés et boisés.

En tant que moines, nous devons de toute façon nous

garder de l'acédie – c'est-à-dire d'une forme de déprime. Toute tristesse peut conduire à la médiocrité et à une fuite de la cellule monastique. Si de mauvaises pensées se présentent à nous, alors nous les chassons sans plus attendre. Il faut faire face : la vocation doit être maintenue en vie. De même, cette rude épreuve marquée du sceau de la croix du Christ ne m'a jamais conduit à douter de ma foi. Au contraire : ce que nos frères ont vécu est une occasion de fierté dont il faut se montrer digne. Exprimer du chagrin reviendrait à se faire une fausse image des frères, à leur infliger une incompréhension blessante et, peut-être, à causer de la peine aux membres des familles qui n'ont pas fait leur deuil. S'abandonner à une telle affliction reviendrait également à pointer un doigt accusateur en direction de ceux qui ont tué les frères, alors que les frères étaient à l'opposé de toute condamnation.
En 1997, j'avais été invité à témoigner, un an après le drame, au théâtre de la Monnaie, à Bruxelles, avec le père abbé de l'abbaye d'Aiguebelle, la maison mère de Tibhirine. La rencontre était organisée par le journal *La Libre Belgique*. Une dizaine de personnes, victimes de la violence, devaient intervenir. Des parents d'enfants enlevés et assassinés avaient livré au public des témoignages admirables, dignes et sans amertume, dans une ambiance quasi religieuse. Des proches de Mgr Claverie, l'évêque d'Oran assassiné en août 1996 en Algérie, étaient assis à nos côtés.
À mon tour, j'ai eu à dire comment je me situais face à la pénible épreuve de l'enlèvement de mes frères et de leur mort. La difficile question du pardon s'est posée à moi : « Suis-je en droit de pardonner aux ravis-

seurs et aux meurtriers ? » Personne n'est en droit de pardonner pour le mal qui s'est abattu sur une tierce personne. Je n'ai donc pas le droit de pardonner aux bourreaux de mes frères. Les victimes de cette injustice sont seuls juges de l'opportunité du pardon, puisque ce sont elles qui ont subi l'affront. Ce pardon, Dieu peut l'accorder si les coupables le Lui demandent, car Il peut sonder l'intime de leur cœur et voir s'ils sont en état de le recevoir. Quant à moi, quelle attitude adopter ? J'ai cru trouver la réponse dans la conduite qui est proposée au supérieur d'une abbaye par saint Benoît dans sa règle monastique. Il évoque l'hypothèse d'un frère qui aurait commis une faute grave ou qui agirait mal dans la vie commune. « Aimer le frère et haïr le vice » est la recommandation de saint Benoît. Les deux verbes indiquent ici un comportement ferme et bien ciblé, inspiré de part et d'autre par le mystère chrétien. Cette phrase exclut toute forme de ressentiment et de vengeance. Mais elle implique en même temps une espérance et une exigence : l'amendement du coupable en vue de la réparation du mal causé. C'est cela, aimer la personne du coupable. C'est cela, haïr ses vices.

N'est-ce pas la manière du véritable pardon ? Non seulement n'éprouver aucune rancune, mais, positivement, aimer. Si un homme a commis un crime, nous ne pouvons aimer son crime et nous devons bien sûr tout faire pour supprimer son vice, mais nous devons aussi aimer cet homme comme un frère pour l'aider à cheminer vers son épanouissement intime. L'amour porte des fruits qui doivent amener l'autre à reconnaître lui-même son tort.

N'ayant moi-même pas de possibilité de contact avec

les coupables de la mort de mes sept frères, c'est à Dieu qu'il me revient de les confier en faisant mienne la prière de père Christian de Chergé dans son testament en forme de déclaration à « l'ami de la dernière minute », et en m'unissant à lui. Après avoir souhaité « avoir ce laps de lucidité [...] » qui lui permettrait « de pardonner de tout cœur à qui m'aurait atteint », Christian concluait : « Et pour toi aussi, l'ami de la dernière minute, qui n'a pas su ce que tu faisais. Oui, pour toi aussi, je le veux ce MERCI et cet "A-DIEU" envisagé de toi. » Si nous avions su de son vivant que Christian avait rédigé ce texte, Amédée et moi-même l'aurions signé et je suppose que les autres frères auraient fait de même.

INTERMÈDE I

Midelt, mémoire vivante de Tibhirine

Là-haut, dans la montagne, il faut savoir retenir ses larmes. C'est un voyage dans le temps, imprévu, qui commence ce jour-là au monastère Notre-Dame de l'Atlas, à Midelt, au Maroc. L'office de midi trente est terminé. L'heure du repas a sonné. Au réfectoire, le moine a chaussé ses lunettes, sans mot dire. Il ne laisse rien deviner de l'émotion qui l'assaille en ouvrant l'épais manuscrit dactylographié, posé devant lui. Courbé au-dessus d'une table, le père Jean-Pierre Schumacher commence la lecture, devant ses deux frères qui mangent en silence. « Diaire… » Le petit homme s'interrompt pour s'éclaircir la gorge. D'une voix douce, parfois chevrotante, il prend soin de prononcer chaque syllabe du titre : « … Diaire de la communauté de l'Atlas. Mille neuf cent quatre-vingt-douze. Mille neuf cent quatre-vingt-seize… » Seize ans après le drame de Tibhirine, le dernier rescapé fait mémoire de la vie d'avant, en Algérie. Un moment d'intense recueillement.

« Mardi 6 février 1996. La tornade continue. Un eucalyptus du parc en a fait les frais… » « Mercredi 6 mars 1996. Les exactions se multiplient alentour, propageant un climat de peur… » Jour après jour, ce registre principalement tenu par le prieur Christian de Chergé, l'un des sept martyrs, éclaire les aspects, des plus anodins aux plus intimes, du quotidien des moines au temps de la « décennie noire ». Héritier de Tibhirine, le monastère de Midelt en est le propriétaire. Ce précieux document n'a jamais été publié. En ce mois de février 2012, le prieur Jean-Pierre Flachaire a tranché. « Certains prêtres attachés à l'histoire de Tibhirine voulaient notre avis : ils se demandaient s'il ne serait pas opportun de l'éditer. Nous avons donc décidé de le lire en entier, pour la première fois. Notre avis est qu'il est beaucoup trop tôt pour envisager une diffusion. Ce n'est peut-être même pas publiable. Ce document contient des prises de position et des détails privés qu'il n'est pas souhaitable de communiquer. »

Jean-Pierre Schumacher acquiesce. « Je n'avais jamais lu ce diaire. Je me protège de l'émotion car c'est très fort : je revis ce que nous vivions – ce qui était bien et ce qui l'était moins. J'apprends des choses que j'ignorais. Mais un diaire, c'est une affaire privée qui n'a pas à être mise sur la place publique. Il est important de transmettre la mémoire de Tibhirine, oui. Mais si c'est avec les problèmes de la vie interne, cela risque d'ôter le halo du message supérieur : paix, fraternité, rencontre… »

À Midelt, où la communauté de l'Atlas a pris pied depuis mars 2000 faute de pouvoir retourner en Algérie, ce message est cultivé au quotidien. Tout y respire le souvenir des sept martyrs, même si leur sépulture se trouve à 800 kilomètres de là, à l'ex-monastère de Tibhirine, gardé depuis douze ans par le père Jean-Marie Lassausse, un prêtre ouvrier français. Cette mémoire s'incarne dans la figure humble et lumineuse du père

Jean-Pierre Schumacher. Elle est présente aussi dans cette pièce à l'atmosphère presque envoûtante, où nous accompagne le dernier survivant. C'est la bibliothèque. Cinq mille ouvrages, le plus souvent religieux, tous rapportés de Tibhirine.

En ouvrant un vieux livre sur le soufisme sans doute consulté en son temps par Christian de Chergé, nous découvrons, coincée entre deux pages, une carte postale de la « Porte de Damas », envoyée de Jérusalem dans les années 1980. Ne serait-ce pas là l'écriture du cardinal Duval, grand ami des moines ? « Non, ça, je ne crois pas que ce soit lui... On n'arrive pas toujours à savoir », répond Jean-Pierre Schumacher, qui a bien connu l'archevêque d'Alger. Sur l'une des étagères est posé le *Manuel du bon jardinier*, utilisé notamment par frère Christophe pour la coopérative partagée avec les musulmans. Moines et villageois définissaient ensemble les cultures à développer. Ils se répartissaient les récoltes. « C'était vraiment d'une grande richesse, comme ce que nous vivons aujourd'hui avec les musulmans marocains », sourit Jean-Pierre Schumacher.

Parfois, les ouvrages de la bibliothèque laissent échapper des trésors. Comme des petits cailloux semés sur un chemin d'espérance. Cette fois, c'est Jean-Pierre Flachaire qui nous conduit dans son bureau. « Regardez ça, par exemple ! » Le prieur retrouve régulièrement des petits morceaux de papiers « oubliés » par les martyrs dans leurs livres. Ici, c'est une réflexion liturgique de Christian : l'écriture régulière est immédiatement reconnaissable. Là, c'est une liste de mots arabes et leur traduction en français, par Michel. « Il utilisait toujours des stylos de différentes couleurs, en

fonction de la nature des annotations. On est même tombés sur quelque chose d'extrêmement émouvant : un acte d'offrande à Dieu, de sa part », témoigne Jean-Pierre Flachaire, à qui cette accumulation de trouvailles donne des idées.
« Si les frères sont béatifiés un jour, nous ouvrirons ici un reliquaire afin de mettre certaines choses en valeur. Les principaux écrits sont restés à Aiguebelle, notre maison mère, pour faciliter le travail des chercheurs et pour des raisons de sécurité. Mais nous avons à Midelt, outre ces petites notes, de nombreux objets qui leur ont appartenu ou qui appartenaient à la communauté : calice de Christian, psautiers personnels, chapelets, vêtements liturgiques... » Des habits que les moines de Midelt utilisent eux-mêmes, en certaines occasions. L'étole de frère Christophe est ainsi portée par le prieur lors des offices du 1er décembre, jour anniversaire de la mort de Charles de Foucauld. « Cette étole est décorée de l'emblème du père de Foucauld, un cœur rouge avec croix qui avait été brodé par la mère de Christophe. Cela a un sens fort : on se dit qu'ils sont parmi nous. Nous sommes habités par l'esprit de Tibhirine. » Jean-Pierre Flachaire avait fait partie du petit groupe qui avait tenté de relancer Tibhirine en Algérie à partir de 1998 – la tentative avait échoué trois ans plus tard et les moines n'étaient, sauf exception, jamais montés plus d'une fois par semaine au monastère. Il a connu certains des martyrs du temps où il était moine à Aiguebelle. Le prieur de Notre-Dame de l'Atlas/Midelt est donc d'autant plus attaché au fait d'entretenir cette mémoire... Et de la protéger. « Un jour, une demande officielle nous a été transmise de

France pour prêter l'étole de Christophe à un prêtre. Nous avons refusé car nous ne l'aurions jamais revue. »
Les moines de Midelt n'hésitent pas, en revanche, à faire des gestes envers ceux qui témoignent d'une sincérité profonde à leur égard, ou qui sont dans la détresse. « On accepte pour leur faire plaisir, puisqu'ils le désirent », justifie Jean-Pierre Schumacher, le regard plein de douceur. Jean-Pierre Flachaire raconte : « Nous avons eu cinq à six demandes de reliques de frère Luc, pour des guérisons. Les courriers venaient de France, d'Espagne, et même des États-Unis. Dans ce cas, nous découpons des petits morceaux de vêtements non liturgiques qui avaient appartenu au médecin de Tibhirine pour les leur envoyer. Il nous est arrivé une fois de faire un cadeau "royal". Quand Xavier Beauvois, le réalisateur du film *Des hommes et des dieux*, est venu nous rencontrer, je lui ai notamment offert un poème manuscrit de Christophe. J'ai pensé que son film méritait un geste de remerciement de notre part. »
Depuis la sortie de cette œuvre au cinéma en 2010, et la publication d'articles dans la presse sur le dernier survivant, les frères de Midelt estiment que les visites – françaises, le plus souvent – ont triplé à leur monastère, avec plus de 1 600 nuitées enregistrées en 2011. Certains viennent effectuer des retraites (une nouvelle aile a été aménagée à l'hôtellerie au printemps 2012). D'autres ne font que passer, à l'occasion d'un séjour touristique, pour voir Jean-Pierre Schumacher et écouter son témoignage. Sans jamais se lasser, le religieux les emmène dans le mémorial de Tibhirine. Devant les portraits des martyrs, il leur distribue une copie dactylographiée du bref et très dense testament spiri-

tuel de Christian de Chergé, avant de les guider vers la chapelle, où trône l'icône de la Vierge, rapportée de Tibhirine.

Comme ce mercredi 8 février 2012, avec deux personnes de Marrakech. Anna et Yassine ont découvert le lieu « par hasard ». Elle est australienne, il est marocain. À la tête d'une agence de voyages, ils visitaient un atelier de broderie voisin du monastère – la « Kasbah Myriem » –, pour étudier des circuits touristiques. La rencontre avec le moine les a remués. « Nous n'avons pas osé lui poser des questions sur la nuit de l'enlèvement. Cet homme impose plus que le respect : il fait que l'on se respecte soi-même », murmurent-ils. « Je vais aller voir le film dont il nous a parlé », promet Anna. Jean-Pierre Schumacher les raccompagne de ses petits pas rapides jusqu'à l'imposant portail. Il rayonne. « Il me plaît que cette histoire soit connue, aimée... Tibhirine appartient à tout le monde, et en aucun cas je ne suis le gardien de cette mémoire. J'ai simplement plaisir à raconter le chemin de mes frères et à parler du caractère de chacun d'entre eux. Quand les visiteurs ont le temps, cela donne de beaux échanges qui me font dire que leur mort n'a pas eu lieu en vain. »

Parfois, c'est seulement « le dernier survivant » que des touristes veulent approcher. Le prieur Jean-Pierre Flachaire se souvient d'avoir ouvert la porte un jour à des religieuses de passage, pas loin d'être survoltées. Au point de confondre « Jean-Pierre I », dit « l'ancien », avec « Jean-Pierre II », dit « le nouveau », comme beaucoup les appellent ici pour les distinguer. « Elles m'ont demandé : “Êtes-vous Jean-Pierre ?” J'ai répondu “oui” ;

Et elles ont commencé à me mitrailler avec leur appareil photo avant même que j'aie eu le temps de leur expliquer que je n'étais pas Jean-Pierre Schumacher ! » Ce dernier ne s'en émeut guère. Il préfère en rire. « Si ces religieuses sont amoureuses de moi ? Oh, ça m'étonnerait. Je suis âgé maintenant... », plaisante-t-il du haut de ses 88 ans, avant d'ajouter : « Certains viennent me voir comme si j'étais une star. Ils me perçoivent comme l'unique survivant, mais je ne suis pas un héros ou un saint, je suis un homme ordinaire ; le même que les autres de la communauté. Ça ne me fait rien, je les laisse faire. Tout cela, c'est l'affaire du Seigneur. »

Ainsi se transmet, d'une manière ou d'une autre, la mémoire de Tibhirine, comme une source descendue des montagnes de l'Atlas. « Le film de Xavier Beauvois a libéré frère Jean-Pierre Schumacher : on le sentait très soucieux dans les années après le drame. De pouvoir témoigner lui a fait beaucoup de bien », ont observé plusieurs visiteurs réguliers. Cette mémoire aide, aussi, à guérir les plaies encore vives d'une tragédie toujours inexpliquée. Pour les familles des martyrs, l'existence de Midelt – au début pas toujours bien acceptée : n'allait-on pas tourner le dos à l'Algérie ? – est une relative chance. Aucun visa n'est nécessaire pour se rendre au Maroc. Et il n'y a pas ici de choc frontal avec les lieux où s'est noué le drame.

Plusieurs parents des sept martyrs ont fait et continuent de faire le voyage à Midelt, où l'esprit de Tibhirine est bien vivant. Annie Alengrin, la sœur de frère Bruno, vient avec son mari « tous les ans » depuis 2001. « Nous ne sommes jamais allés voir mon frère à l'annexe de Fès, dont il était le supérieur. Nous allions nous décider

pour le printemps 1996 et Bruno nous avait dit : “Ne venez pas maintenant, je serai à Tibhirine pour l'élection du prieur”... Nos séjours au monastère de Midelt, c'est en souvenir de lui et parce que ce monastère est dans la continuité de l'esprit de Tibhirine. Nous voulions soutenir les deux rescapés* par notre présence et soutenir aussi les autres frères qui ont accepté de participer à cette communauté et de perpétuer l'expérience vécue en Algérie. »
Dans ce « havre de paix », Annie se ressource. « On parle de Tibhirine avec Jean-Pierre Schumacher. On a regardé ensemble le film de Xavier Beauvois. Il nous a fait quelques commentaires sur le caractère authentique, ou non, de certaines scènes. Il parle peu. Par son sourire, sa manière d'être, il dégage quelque chose de lumineux. Cela se passe de mots. » Midelt est d'un grand secours à la sœur de frère Bruno pour accomplir le travail de deuil. Pour elle qui avait du mal à apercevoir un habit cistercien sans ressentir une vive souffrance, c'est une manière d'apprivoiser en douceur un passé douloureux. « Cela m'aide, oui. À Notre-Dame de l'Atlas, le contact est plus immédiat et plus simple que dans une grande abbaye. Les frères de Midelt vivent en réciprocité avec leurs voisins. Nous participons au rituel du thé, à l'invitation d'Omar, l'employé et ami des moines. Ce moment réunit ceux qui se trouvent au monastère. Les relations de tous sont un exemple d'ouverture et de respect mutuel. La chapelle est petite et n'a rien à voir avec les grandes abbatiales : pour les

* Père Amédée (Jean Noto) est mort en France en 2008 à l'âge de 87 ans. Il était rentré de Midelt pour se faire soigner.

fêtes, les fidèles participent à la liturgie et à la lecture des textes. Nous nous sentons “de la maison”. Cela nous fait du bien ».

Pierre Laurent, un neveu de frère Luc, moine médecin de Tibhirine, est lui aussi très attaché à Midelt. Il y est venu cinq fois. Pas seulement pour revoir et soutenir le père Amédée et les pères Jean-Pierre Schumacher et Flachaire, qu'il avait rencontrés après le drame. « Je ne suis jamais allé à Tibhirine du vivant des frères. Quand ils sont morts, nous nous sommes aperçus que nous ne connaissions pas grand-chose de leur vie. Dans ses lettres, mon oncle ne nous parlait pas du tout de la vie courante et peu des contacts avec la population. En discutant avec Jean-Pierre Schumacher qui était très proche de lui, j'ai beaucoup appris. Je ne sais pas si, en ce qui me concerne, on peut parler du voyage à Midelt comme d'un travail de deuil. En tout cas, voir cette vie monastique qui se poursuit dans la simplicité, la fraternité et l'humilité au milieu des musulmans, comme en Algérie, est une façon de nourrir l'espérance. »

Des images l'ont marqué – et, sans doute, réconforté. Il se rappelle une sœur franciscaine, sœur Begoña, qui travaillait en 2000 dans un dispensaire marocain accolé au monastère de Midelt. « Elle était très dévouée et en même temps, elle avait son franc-parler. Un jour, elle m'avait emmené voir des familles dans un quartier voisin. Elle connaissait tout le monde et n'hésitait pas à engueuler les gens : “Comment ? Tu es encore enceinte alors que tu n'as même pas les moyens d'entretenir les premiers ?” Mais juste après, elle notait discrètement qu'il faudrait qu'elle envoie vêtements et lait à la naissance. Avec son côté rugueux et généreux, j'avais l'impression de voir frère Luc en action ! »

Françoise Boëgeat, l'une des nièces de frère Paul, est venue pour la première fois à Midelt en octobre 2011 – elle y songeait depuis une dizaine d'années mais d'autres activités très prenantes avaient retardé son projet. Cette démarche lui a permis de se sentir « plus libérée de l'attachement au lieu de Tibhirine ». « C'est comme dans un deuil : au début, on n'a pas envie de remplacer une personne par une autre. Puis, on cherche à retrouver la personne perdue à travers des manières d'être. L'esprit de Tibhirine souffle partout. Il n'est pas enfermé et ne doit pas être enfermé à un seul endroit. Je ne vois pas pour autant Midelt comme un Tibhirine *bis*. Ce sont d'autres personnes, d'autres liens qui se tissent. Et en même temps, c'est dans la continuité de l'expérience algérienne. »

Ici, au Maroc, elle a trouvé une forme d'apaisement supplémentaire. « Dès mon arrivée à Midelt, j'ai eu besoin de venir saluer au plus vite Jean-Pierre (Schumacher) car il reste ce témoin vivant qui a connu mon oncle. Je l'avais déjà rencontré brièvement en France, et avec ma sœur Annick, nous avons correspondu régulièrement avec lui et Amédée. Jean-Pierre est pour moi comme un membre de ma famille. Cette épreuve commune nous lie fortement. À Midelt, j'ai pu parler de Paul et obtenir des précisions qui m'ont tranquillisée. Il m'a dit que mon oncle, lorsqu'il est rentré à Tibhirine après avoir vécu l'irruption du GIA le soir de Noël 1993, avait pris la décision ferme de rester au monastère et qu'il était moins en tension. On a toujours besoin de savoir ce que les gens ont vécu. La vérité apaise. »

C'est aussi le sentiment d'Élisabeth Bonpain, l'une des sœurs de frère Christophe, qui s'est rendue à deux reprises à Midelt. « Cela m'a fait beaucoup de bien. Cette petite communauté respire la vie et la confiance, sans cacher sa fragilité. Jean-Pierre (Schumacher) m'a dit que Christophe l'avait choisi comme confesseur et que le pardon n'était pas un vain mot chez mon frère. Il nous a raconté avec franchise les différends qu'il pouvait y avoir entre moines. Aujourd'hui, il comprend mieux la personnalité de Christophe. » D'abord réticente, les tout premiers mois, au transfert de Notre-Dame de l'Atlas vers Midelt (« J'avais l'impression qu'on nous dépossédait un peu plus de nos frères »), elle a changé d'avis après des échanges, notamment, à l'époque, avec père Amédée. « Je suis maintenant heureuse que Notre-Dame de l'Atlas soit au Maroc. Pourquoi ? Parce que c'est la continuité de Tibhirine – mais ce n'est pas Tibhirine. La petite communauté de Midelt en est l'héritière. Elle peut faire du neuf au Maroc, au plus près du peuple berbère qui n'a pas le lourd passé des habitants de Tibhirine. Les frères de Tibhirine sont les frères de tous et n'appartiennent à personne en particulier. Ils sont vivants partout où il y a partage et amitié. »

Partout, à Midelt, comme ailleurs. Avec d'autres croyants et d'autres familles des martyrs, Élisabeth Bonpain est investie dans diverses initiatives, entre autres au monastère d'Aiguebelle dans la Drôme ou à celui de Tamié en Savoie. « Il ne doit pas y avoir de mémoire morbide de Tibhirine », insiste-t-elle. « Si je ne vois que la croix, alors je ne vis plus. Ma foi peut être chancelante et interrogative. Elle est aussi “espérante”. »

CHAPITRE 2

L'aventure imprévue

Le Vieux Port de Marseille est déjà loin derrière nous. Quelques heures plus tôt, nous escaladions encore la colline qui surplombe la ville pour nous mettre entre les mains de Notre-Dame de la Garde. Le gros bateau sur lequel nous avons embarqué avec des centaines d'autres passagers se dirige vers l'Afrique du Nord, tranquillement bercé par les flots. Le roulis me fait l'effet d'une valse douce qui nous entraîne au loin, moi et mes trois frères de l'abbaye trappiste bretonne de Timadeuc, appelés par Dieu et choisis par notre Ordre pour aider à la relance et au maintien du monastère de Tibhirine dans une Algérie fraîchement indépendante. La traversée vers l'inconnu durera vingt-quatre heures. Accoudé à la barrière face à l'azur, je vois remonter à surface des souvenirs d'enfance, caressants comme la brise. Mon regard flotte sur les ondulations de la mer et je divague jusqu'à la Moselle, où m'apparaissent les visages souriants de mes parents, Louise et Émile. Ils sont là comme devant moi et improvisent une valse tourbillonnante dans la cuisine de notre moulin de Buding. Quel âge avais-je ? 5 ans peut-être. Ils débordaient de tendresse et nous couvaient du regard, nous, leurs six enfants. « Tu ne dois pas aller plus loin que cet arbre au coin de la route ! » me répétait sans cesse ma mère, toujours prévenante : c'était à la fin des années 1920.

Trente-cinq années s'étaient écoulées depuis lors. Ce 17 ou 18 septembre 1964 – que le Seigneur pardonne à ma mémoire de se faire, parfois, aussi pâle que l'encre des palimpsestes –, c'est un vent de liberté plus qu'œcuménique qui vient gonfler nos habits cisterciens sur le pont du navire. De « l'indépassable » sapin de Buding, je vogue avec allégresse vers les pins de Méditerranée. L'esprit du concile Vatican II a soufflé sur l'Europe. Il a ouvert la porte du dialogue avec les Églises non chrétiennes et les autres religions. Il a débarrassé l'institution catholique d'une partie de ses oripeaux pour revenir à ce qui, tout nûment, est l'Église des humbles. Le cardinal Duval, archevêque d'Alger, voulait une communauté cistercienne « petite et pauvre » en terre d'islam. Et nous, dans cette ardeur propre aux recommencements, nous souhaitions porter l'audace conciliaire au cœur même de notre engagement monastique. Ainsi s'est dessiné pour nous le choix enthousiasmant de Tibhirine.

Dans les salons du bateau, la joie est telle ce jour-là que nous célébrons, à l'invitation de l'un des nôtres, une messe et confessons même certains voyageurs – j'en éprouve quelque gêne, par timidité. Le prieur de Timadeuc qui nous accompagne, avait été père blanc en Algérie. Il maîtrisait parfaitement l'arabe et ne cessait de s'extasier : « Vous verrez comme les montagnes de Kabylie sont belles ! » Pendant tout le trajet en voiture de Timadeuc jusqu'à Marseille – nous étions successivement passés par l'abbaye de Melleray (Loire-Atlantique), Clermont-Ferrand, et l'abbaye drômoise d'Aiguebelle, maison mère de Tibhirine –, il nous avait préparés à ce monde totalement nouveau auquel nous allions devoir nous initier.

Lorsque après un jour de périple le capitaine a annoncé l'approche des côtes, nous nous sommes précipités sur le pont pour regarder la ville resplendissante sous le soleil. « Alger la Blanche » : ce nom disait bien ce que j'avais en face des yeux. La sensation de dépaysement n'a pas été immédiate. C'était comme de me retrouver en présence de la sœur jumelle africaine de Marseille. J'étais surpris de voir, en débarquant, tant de personnes rouler à moto dans les rues : je pensais le pays beaucoup moins développé. Les inscriptions en arabe sur les devantures des magasins me rappelaient cependant que nous passions d'une culture à une autre. Une 2 CV du monastère, avec ouverture des portes par l'arrière, nous attendait sur le quai.

Il nous a fallu deux bonnes heures pour rejoindre Tibhirine, où nous sommes arrivés le soir même, à peine conscients de notre fatigue, tant était intense notre ferveur « conquérante ». L'indépendance algérienne avait provoqué une vague de départs : il ne restait que trois moines sur place, dont père Étienne, le prieur et économe, et père Amédée, enseignant. Nous étions bien loin de la trentaine de frères qu'avait comptée cette abbaye, fondée en 1938, au plus fort de son activité. Quand notre voiture a débouché sur le parking du grand monastère aux murs ocre émergeant de la verdure, je me souviens encore de ce jeune garçon cheminant sur un âne : il lui donnait des coups de talon pour le faire avancer. « Cheikh Étienne ! Cheikh Étienne ! » criait-il pour prévenir le prieur de notre

arrivée. « *Cheikh*, c'est une appellation que l'on réserve aux personnages respectables », m'avait expliqué notre père blanc accompagnateur, alors que je l'interrogeais sur le sens de ce mot.
La guerre d'Algérie n'avait donc pas enterré tout espoir de dialogue avec les populations ? Comment serions-nous accueillis par la suite ? Tout serait-il si simple que nous le laissait présager ce tableau presque idyllique ? À 40 ans, je me retrouvais, avec mes frères, moine dans « l'océan d'islam » et au cœur d'un pays nouvellement socialiste, sans pouvoir à cet instant deviner l'incroyable aventure spirituelle communautaire qui serait la mienne pendant trente-deux ans en Algérie. Cette aventure imprévue, comment aurais-je pu imaginer la vivre, moi, l'enfant de Lorraine, que tout destinait, du moins au début, à d'autres engagements, et qui n'avait dû qu'à la Sainte Vierge d'avoir pu échapper aux griffes de l'Allemagne nazie ?

Naissance d'une vocation

Devais-je devenir prêtre ou meunier ? Meunier ou prêtre ? Si le Seigneur m'avait demandé de cumuler ces deux vocations, il m'aurait plu de répondre avec empressement à Son appel. Longtemps, ces deux désirs ont cohabité en moi sans que je parvienne à m'en faire l'arbitre. Jusqu'à ce qu'un jour proche de la fin de la guerre 39-45, mon meunier de père, qui était luxembourgeois et citait volontiers des proverbes allemands, me délivre partiellement de ce dilemme en servant cette phrase de sa main blanchie, alors qu'il était en train de remplir des sacs de farine : *« Gottes Mühlen mahlen langsam, aber furchtbar fein »* (« Les moulins de Dieu travaillent lentement mais leur mouture est terriblement fine »). Saint Ignace d'Antioche, un grand martyr de l'Église, ne voulait-il pas lui-même « être moulu par les dents des bêtes pour être un disciple du Seigneur » ? La filiation était trouvée, sur laquelle je m'appuierais plus tard pour effectuer mon choix définitif...

Avec ses trois grandes roues, le moulin de Buding – qui a depuis été transformé en musée – avait des airs de petit paradis mosellan, niché dans une vallée entourée de collines boisées, à 20 kilomètres de la frontière allemande. J'y suis né le 14 février 1924, aîné d'une famille catholique de six enfants. Ma mère elle-même était la fille d'un meunier de Cuvry, près de Metz. Une vieille tradition – l'un de mes oncles ne s'en était écarté que pour exercer le métier de boulanger – dans laquelle nous baignions dès l'enfance. Tout petit déjà, je passais des heures à observer les savants mécanismes actionnés par le courant de la Canner, une rivière à l'eau pure, où nous aimions nager, l'été. Adolescent, j'aidais mon père à procéder aux améliorations techniques nécessaires. Il avait assez vite remplacé les roues par des turbines pour offrir une farine de meilleure qualité : la modernité est une idée à laquelle j'étais déjà attaché. Qui ne s'adapte pas risque de disparaître !

Cette vie était heureuse. Notre moulin formait un semblant de communauté monastique, avec tout de même un peu moins d'austérité que dans la règle de saint Benoît ! Au village, non loin de l'église, vivaient deux tantes avec mon grand-père paternel. Nous avions aussi une bonne et un commis polonais, Nicolas, qui était comme un frère aîné. Lui, l'étranger, nous réservait toujours d'heureuses surprises. Un hiver, il avait été le premier à nous emmener promener dans la neige avec sa Mobylette, qu'il utilisait pour tracter notre luge. Durant les années 1930, il n'était pas l'unique étranger établi à Buding, un village d'environ 200 habitants à l'époque. Attirées par la promesse d'une vie meilleure, des familles italiennes et, même, d'Afrique du Nord étaient venues dans la région pour travailler dans les mines de fer ou pour participer à l'édification de la ligne Maginot, à seulement 5 kilomètres de là. Nous étions très curieux de faire leur connaissance. Parce que nous les fréquentions à l'école, les Italiens étaient rapidement devenus des amis, compagnons de nos échappées belles en forêt. Ils nous fascinaient car ils connaissaient tout de la nature, mieux que nous encore : leurs conseils pour élever les pies valaient de l'or. J'avais même apprivoisé un corbeau si fidèle qu'il nous accompagnait en voletant jusqu'à l'église, les jours de messe : il m'attendait patiemment à la sortie de l'office ! Plus tard, pendant la guerre, nous avions longtemps hébergé au moulin un ouvrier italien duquel nous avions aussi beaucoup appris. Il nous avait expliqué comment fabriquer des briques et du béton.

Le village formait ainsi un petit concentré de diversité humaine, qui se retrouvait aussi dans l'imbrication des pratiques religieuses. Une seule personne était protestante. La plus grande partie de la population était catholique. Il n'y avait aucun musulman : enfants, nous n'avions pas même connaissance de l'existence de l'islam. Mais Buding comptait plusieurs familles juives – une bonne vingtaine d'habitants qui y avaient leur synagogue. Cette relation avec les juifs a été pour moi très marquante. Elle encourageait déjà l'accueil de l'autre, le différent. Ces familles donnaient toujours le bon exemple de serviabilité, d'honnêteté et de gentillesse. Les juifs marquaient les fêtes religieuses avec tant de régularité que nous étions incités à faire aussi bien qu'eux.

Pour le Nouvel An juif, je me souviens qu'ils se rendaient par petits groupes sur un pont situé à mi-chemin entre notre moulin et le village. De là, ils jetaient des miettes de pain dans la rivière, pour, symboliquement, demander à Dieu d'effacer les péchés commis par les hommes. Une réelle convivialité s'épanouissait entre nous. Quand un catholique était rappelé à Dieu, au moins une de leurs familles venait toujours assister à la messe jusqu'à l'offertoire. C'est dire l'exceptionnelle ouverture d'esprit qui était la leur, alors même que nous n'aurions pas osé franchir le seuil de leur synagogue.

À l'école publique placée sous régime concordataire, l'instituteur assurait des cours d'histoire sainte : les juifs y assistaient avec nous pour toute la partie concernant l'Ancien Testament. Les veilles de Pâques, nous partions faire le tour des quartiers du village en agitant des crécelles pour annoncer les heures des différents offices. Chaque année, les juifs nous offraient de généreux pains azymes. Ma mère elle-même connaissait bien un marchand de tissus ambulant qui venait au moulin et nous faisions toujours nos courses de viande chez le boucher, juif lui aussi. Même si nous ne pouvions manger les uns chez les autres en raison des interdits alimentaires de la *cacherout*, cette présence était une grâce.

Sylvain, mon meilleur camarade d'école, était juif. Nous aimions nous taquiner. Parfois, nos plaisanteries enfantines étaient cruelles, comme peuvent l'être les plaisanteries d'enfants. Un jour, les gamins que nous étions avaient fait mettre à Sylvain la tête sous un robinet au prétexte de mener Dieu sait quelle expérience. Aussitôt après, je lui avais fait croire qu'il était baptisé ! Il était reparti en larmes, pensant réellement être devenu chrétien. Je m'en étais voulu et m'en étais repenti.

Car il n'y avait chez nous aucun antisémitisme, pas même cet antijudaïsme qui a pu prospérer chez ceux des chrétiens qui ont pu faire une lecture biaisée des écrits de saint Paul. Les juifs étaient respectés et nous respectaient beaucoup, même s'il nous arrivait de nous houspiller gentiment en fredonnant des chants pas très catholiques, ni très judaïques en ce qui les concernait : parfois, ce sont eux qui commençaient, parfois nous, puis les refrains allaient crescendo et tout se finissait par des éclats de rire de part et d'autre, sans haine, à la manière de ces « parentèles à plaisanterie » qui se rencontrent en Afrique, entre groupes de populations voisins.

Les juifs vivaient tranquillement leur vie de commerçants, vendant bestiaux et tissus. Ils étaient sérieux et très travailleurs. Au collège mariste de Sierck, quelques années plus tard, le meilleur élève de ma classe était juif. Il était tellement doué que ses excellents résultats avaient engendré une saine émulation entre nous. D'apprendre, au lendemain de la guerre, qu'une partie des siens avait été déportée pour être gazée par les nazis a été un immense choc qui m'a placé face à une incompréhension totale… Dans les années 1950, à la sortie de ma première messe dans mon village natal, la procession passait devant la maison d'une famille juive qui avait échappé à la déportation et aux camps de concentration. Une femme en est sortie pour venir, devant tout le monde, me féliciter d'être devenu prêtre. J'en fus profondément touché.

Dès les années 1930, l'atmosphère religieuse enveloppant Buding ne pouvait que m'inspirer la vocation à la prêtrise. Je l'ai ressentie dès l'âge de 5 ans, de manière naturelle, sans être influencé par quelque figure tutélaire que ce soit. Toute l'existence, à cette époque, s'organisait autour du travail et de la prière. Ce climat était porteur. C'était une foi ouverte sur le monde, qui englobait la nature et reliait les hommes de façon belle et démonstrative. Pour la Fête-Dieu, de splendides bouquets étaient accrochés le long du parcours de la procession. L'été était aussi le temps des rogations destinées à bénir les champs. Collégien, j'avais rejoint la Jeunesse étudiante chrétienne et mes parents m'avaient abonné à la revue catholique *Le Sanctuaire*, éditée par Bayard : je l'attendais avec impatience, chaque mois. Elle permettait de découvrir la religion sur un mode ludique, en offrant, dans une rubrique, les secrets de fabrication de certains objets. Ainsi avais-je pu confectionner un cerf-volant en papier de trois mètres de long. Happé par une bourrasque, il était monté d'un coup très haut dans le ciel avant de se déchirer. Je n'ai jamais renouvelé l'expérience. C'était à la fin de l'année 1939. La France venait de déclarer la guerre à l'Allemagne nazie, et comme nous étions derrière la ligne Maginot, je craignais que les militaires français

postés dans les granges alentour, ou même les Allemands, de l'autre côté de la frontière, ne confondent mon cerf-volant avec un signal d'attaque.
Ma vocation ne s'est jamais mise entre parenthèses, pendant la période du conflit armé. Le moulin a continué de fonctionner normalement après l'invasion allemande, subissant force réquisitions. Nous n'étions pas surpris de ce qui arrivait : quand je logeais chez ma tante, pendant mes études au collège de Sierck, en Moselle, nous entendions Hitler aboyer à la radio allemande. Et, plus d'une fois avant les hostilités, j'avais tressailli au bruit d'avions de la Luftwaffe qui passaient en rase-mottes au-dessus de nos zones d'habitation, sans doute par pure provocation.
Au printemps 1941, l'*Arbeitsdienst* est devenu obligatoire pour les Lorrains*. J'ai refusé de m'y laisser enrôler. Notre cœur n'était pas du côté des Allemands. À travers nos épreuves, nous restions, comme la plupart des Lorrains, pour la France, notre patrie. Devant mon refus de partir en Allemagne, des gendarmes sont venus me chercher au moulin pour me conduire de force au conseil de révision. Par la fenêtre, je voyais l'église de Thionville et en regardant dans cette direction, je me confiais à Notre-Dame. Cela n'a pas empêché que je sois remis entre les mains d'agents de la

* L'*Arbeitsdienst*, ou *Reicharbeitsdienst*, instauré en 1935 par l'Allemagne nazie, était un service du travail obligatoire qui précédait le service militaire. Après l'annexion de l'Alsace-Moselle par le IIIe Reich, l'*Arbeitsdienst* s'est également imposé, à partir de 1941, aux jeunes Français de ces départements frontaliers.

Gestapo. Par la grâce de Dieu – je peux le dire – j'en suis sorti indemne.

Je me retrouvai les jours suivants près de Düsseldorf, cantonné pour six mois dans un casernement de l'*Arbeitsdienst*, situé à proximité de la frontière hollandaise. Il n'y avait pas de barbelés : des talus délimitaient ce camp, constitué de baraques pouvant accueillir un maximum de onze personnes. Les exercices étaient harassants. Il fallait creuser des tranchées, canaliser une rivière, s'exercer à construire des ponts de fortune ou encore démonter d'anciennes fortifications dont les matériaux devaient être envoyés sur le front russe.

Nous n'étions pas armés mais portions un uniforme kaki avec la croix gammée en brassard. En cas d'attaques, nous pouvions être appelés pour secourir la population : quand Düsseldorf a reçu une pluie de bombes incendiaires larguées par les avions britanniques, la mairie nous a réquisitionnés pour aider les habitants à sortir des ruines et les conduire dans des gymnases. Il y avait des morts, des blessés partout. J'avais 18 ans. C'était la guerre, sous mes yeux. Fuir aurait-il été possible ? Un jeune qui avait tenté de se sauver de notre camp de travail avait été arrêté et roué de coups. J'ai préféré ne pas tenter le diable. Les relations avec l'*Oberfeldmeister* (lieutenant) qui dirigeait le casernement n'étaient, du reste, pas si mauvaises. Avec un ami qui deviendrait lui aussi séminariste, il n'autorisait à sortir en ville pour rendre visite à un curé. Je ne perdais pas de vue, ainsi, ma vocation, qui s'est puissamment renforcée au long de ces épreuves. Quand, basculé à la Wehrmacht, à partir de 1942, j'ai dû jurer fidélité à Hitler, en effectuant le salut nazi lors d'une cérémonie

sur la place d'appel de la caserne à Kaiserslautern, j'ai murmuré, à voix basse, en français, non sans un peu d'humour et, aussi, de vérité : « Si je l'attrape, je lui casse la gueule. » C'était cela, ma promesse ce jour-là. La seule fidélité qui valait pour moi à cet instant était ma fidélité à la France et à Dieu. Et je me jurai à moi-même : « Si les Allemands font de moi un officier de guerre, je ferai passer un jour toute ma compagnie à l'ennemi lorsque je serai au front. »
Le nazisme était la négation profonde du message fraternel des Évangiles. Je n'ai, grâce à Dieu, jamais eu à participer à des combats. C'est même un miracle qui m'a délivré de cette entreprise criminelle, en août 1943. Comme j'avais fait des études au collège, et que je parlais allemand, un sous-officier de la Wehrmacht m'avait désigné avec quinze autres personnes pour devenir officier de guerre. Nous avons été versés dans une unité de *Panzergrenadier* (infanterie mécanisée) à Heidelberg, afin d'y être formés à l'utilisation de véhicules munis de pneus à l'avant et de chenilles à l'arrière. De grandes manœuvres se préparaient le long de la ligne Maginot, auxquelles notre régiment était appelé à participer. L'inquiétude grandissait en moi, car nos engins constituaient une cible facile pour l'aviation.
La Sainte Vierge est venue à temps à ma rescousse. Quelques jours avant de prendre la route, ma vue s'est subitement troublée. Des taches apparaissaient dans mon champ de vision qui s'était rétréci. Certains objets se dédoublaient lorsque je les regardais. J'ai été envoyé à l'hôpital militaire, où des étudiants en médecine m'ont soigné pendant plusieurs jours, avec succès. Si bien que le médecin en chef n'a eu d'autre choix que

de me réformer : « Avec ces yeux-là, vous ne pouvez partir au front. » Ils craignaient que je n'aie contracté la tuberculose. Jamais de ma vie, en tout cas, ce problème aux yeux n'a resurgi ! Quelques semaines après, c'en était fini pour moi du IIIe Reich. Et j'ai pu retourner au moulin de Buding, pour y épauler mon père et ma mère qui suaient sang et eau. Combien de fois des soldats allemands ne sont-ils pas venus réquisitionner d'importantes quantités de cette précieuse farine que nous destinions, à grands frais de labeur, aux boulangers et aux réfugiés qui avaient fui les hostilités ?
Nous étions à la croisée des zones de combat. Les bombardements étaient fréquents, surtout à partir de 1944. Les obus creusaient de larges trous dans notre jardin, en gorgeant le sol de phosphore. La pluie les remplissait, empoisonnant celles de nos oies qui venaient s'y désaltérer. Un jour, une bombe avait traversé le pignon du moulin pour éclater au-dessus de la niche du chien. Une autre a détruit le pigeonnier que j'avais construit avec mon frère. Des obus incendiaires tombaient dans la forêt autour de notre bâtisse qui est, fort heureusement, toujours restée préservée des flammes. Jusqu'à la fin, il fallait serrer les dents, apprendre à dominer sa peur. Déjà...
J'avais traversé la Sarre à vélo pour rendre visite à un frère dans une unité de la Wehrmacht et lui proposer de déserter. Il avait refusé, par crainte d'être passé par les armes. Sur le chemin du retour, la Gestapo m'avait arrêté, puis relâché. Qu'avaient-ils découvert en ouvrant mon portefeuille, épinglés naïvement sur chacune des deux faces ? D'un côté, le coq gaulois, et de l'autre, la croix de Lorraine ! Il fallut expliquer cela, bien sûr.

« C'est un coq que j'ai gagné comme sportif au collège et je suis lorrain », leur ai-je déclaré, en toute sincérité. Cette période était éprouvante. Ni les Allemands ni les Français dits « de l'intérieur », qui nous traitaient de « Boches de l'Est », n'avaient grande confiance dans les populations d'Alsace et de Moselle. Dans son malheur, notre famille a eu beaucoup de chance par rapport à d'autres. Personne n'a été tué parmi mes proches. À la Libération, en 1945, l'un de mes frères, incorporé de force dans la Wehrmacht, est rentré de Russie. Il avait été fait prisonnier par l'armée Rouge à Berlin et détenu au camp de Tambov. Je le revois nous parler avec effroi de tanks qui roulaient sur des monceaux de cadavres, près du front de l'Est. Il nous avait dit n'avoir jamais abattu personne sous l'uniforme de la Wehrmacht : « La seule fois où j'ai eu des Russes dans ma ligne de mire, j'ai renoncé à tirer. Peut-être est-ce un père de famille que j'avais en face de moi ? »
Tout comme lui, je n'aurais jamais été capable de tuer qui que ce soit et suis soulagé que la Providence m'ait gardé de cette sinistre éventualité. Après 1945, j'ai haï encore plus profondément la guerre. Nous n'avons jamais retrouvé notre commis, Nicolas, sans doute tué. L'une des habitantes juives de notre village était rentrée des camps avec de très lourdes difficultés respiratoires pendant des années. Beaucoup d'autres ne sont jamais revenus. En 1955, quand j'ai obtenu mon premier poste d'enseignant à l'école apostolique des pères maristes de Saint-Brieuc, je m'occupais de la bibliothèque destinée aux élèves. Dans un geste de rejet pour les horreurs de la guerre, j'ai retiré délibérément des rayons tous les livres prônant l'héroïsme des san-

glantes conquêtes coloniales, matière à « bourrage de crâne ». Il était temps d'en revenir aux Textes pour se remettre à l'écoute de la simple Parole de Dieu.

Adieu les odeurs de farine ! La meunerie ne serait donc pas ma mission. Dès après la fin de la Seconde Guerre mondiale, mon choix était définitivement arrêté de me tourner vers le séminaire pour devenir prêtre. Collège chez les maristes à Senlis, dans l'Oise, puis noviciat à Pomey et scolasticat à Sainte-Foy-lès-Lyon, dans le Rhône : mon ordination a pu avoir lieu en 1953 à Lyon. Mais ce désir de prêtrise s'était dès avant enrichi d'une autre vocation ; celle de devenir moine. La nuit, au séminaire, je lisais et relisais avec passion les écrits spirituels de dom Marmion, abbé de Maredsous en Belgique, tout autant que l'ouvrage *Au cœur des masses*, du père René Voillaume, qui avait fondé dans le Sahara algérien les Petits Frères de Jésus, héritiers de la spiritualité du père Charles de Foucauld. La foi cultivée avec soin pouvait déplacer les montagnes, ouvrir des horizons insoupçonnés, faire croître le royaume de Dieu, abolir les frontières entre les hommes. À Lyon, je vivais déjà dans cette espérance, mais comme un moine, accompagnant quelques fois seulement mes coreligionnaires dans leurs sorties pour aller assister aux joutes nautiques sur la Saône.

Certains peuvent estimer être suffisamment forts pour accomplir seuls le chemin vers Dieu, alors que d'autres se tournent vers l'entraide mutuelle. Pour ma part, j'ai éprouvé le besoin intime et croissant, au fil des ans, de m'inscrire dans le cadre d'une vie monastique communautaire pour progresser dans cet apprentissage spirituel. Au long des années de séminaires, j'ai manifesté ces aspirations à mes supérieurs, à chaque étape du cheminement vers le sacerdoce, attendant de leur part, comme venant de Dieu, une reconnaissance officielle de l'authenticité divine de l'appel ressenti. Dans l'intervalle, j'enseignais notamment la religion dans les écoles apostoliques de Saint-Brieuc (Côtes-d'Armor) et de Morhange (Moselle).

J'ai été admis en octobre 1957 chez les trappistes de Timadeuc, dans le Morbihan. L'ambiance particulière des monastères m'attirait : aucun événement extraordinaire n'explique cet itinéraire qui fut le mien. Je ne me retirais nullement du monde par cette décision librement consentie d'entrer en religion. J'aimais au plus haut point l'exigence de tout faire pour Dieu, à tout instant. Je chérissais ce cadre dans lequel tout était signe de Sa présence. Tout portait vers Lui. Et l'Ordre cistercien de la stricte observance (trappistes) me plaisait en ce qu'il offrait précisément cette vie communautaire, qui permet le partage spirituel. Je n'aurais pu rejoindre des ordres dans lesquels les religieux sont seuls la majeure partie du temps en dehors des temps de récréation, comme les Chartreux. Si l'âge peut porter à l'idéalisation du temps passé, au moins me paraît-il nécessaire de rappeler à ceux qui l'auraient oublié ou qui n'en auraient pas connaissance, que le régime de la Trappe était, avant le concile Vatican II, d'une beaucoup plus grande sévérité, propre à renforcer la docilité à l'Esprit divin (et, parfois, à nourrir certains excès disciplinaires). Le respect du silence devait être absolu. Mon temps de postulat et de noviciat avant la profession solennelle qui dura trois années était consacré, entre autres, à l'apprentissage d'un langage des signes, afin de pouvoir communiquer sans bruit pour des échanges essentiels. Nous nous entraînions même à réciter des fables de La Fontaine par une succession de gestes codifiés ! Pour désigner un fruit, il fallait se toucher le coude avec la paume de la main. Le beurre était figuré par un frottement des deux mains. Le lait l'était, en faisant semblant de traire son propre index. L'eau, en joignant le pouce et le majeur. Le chien, en se tirant les lobes de l'oreille des deux côtés. La vache, en mimant les cornes. Le chat, en mimant les moustaches. Et Dieu, en formant un triangle avec pour base, les deux pouces réunis, et pour sommets, les deux index joints. Comme les doigts de nos mains, nous étions unis les uns aux autres dans tous les aspects de la vie, des travaux aux champs, à la prière. Une générosité se manifestait dans l'effort entre les quatre-vingt-dix moines que nous étions. Je me suis adapté sans peine à cette vie, quoiqu'elle fût très difficile. À Timadeuc, et comme dans tous les monastères avant les réformes nées du concile Vatican II, nous avions l'obligation de conserver les mêmes habits pendant une semaine et de dormir avec. Peu importe si les rudes travaux de binage des champs de betterave ou les moissons en plein soleil nous avaient fait transpirer ! L'austérité était de mise. Se désaltérer en dehors des repas était, d'ailleurs, interdit, même au travail. Au petit déjeuner, le matin, nous n'avions droit qu'à une tranche de pain, pesée. À midi, les quantités étaient rationnées. Le soir, nous n'avions presque rien à manger : une pomme ou un morceau de fromage, avec, là aussi, un morceau de pain, toujours pesé. Creuser la terre avec le ventre vide rejoignait cet idéal qui consistait à se donner entièrement à Dieu. Éviter de faire bombance facilitait, d'un autre côté, la méditation et la prière : corps et esprit étaient plus légers, et plus disposés à recevoir la Parole. Tous ces efforts s'effectuaient au service du bon fonctionnement de la communauté. Les récoltes permettaient entre autres de nourrir un troupeau d'une centaine de vaches, qui donnaient du lait servant à fabriquer un fromage vendu dans la région. Le travail comportait un aspect de pénitence, et permettait de se délasser de la prière. Un équilibre s'en dégageait.

Mais cet univers n'était pas parfait. Toute vie communautaire est traversée d'inévitables conflits, préludes à autant de réconciliations. Le jeudi se déroulait le chapitre des coulpes, en présence de l'abbé. Cette réunion avait pour but de résoudre les éventuels dysfonctionnements de la vie communautaire. Le père abbé demandait aux frères s'ils avaient à s'accuser d'un méfait quelconque. « J'ai cassé ma tasse », « j'ai renversé ma soupe », « j'ai parlé à un hôte », ou bien encore « je me suis fâché contre un frère » : et voici qu'un moine se jetait à plat ventre devant les autres pour avoir manqué aux règles communautaires. Puis le père abbé donnait une pénitence. L'une avait même un peu choqué le jeune moine que j'étais. Un frère très âgé devait manger sa soupe, assis sur un banc au ras du sol. Quelle était sa faute ? Je ne m'en souviens plus aujourd'hui. J'ai compris ensuite qu'il ne s'agissait pas de l'humilier mais bien de faire grandir la communauté à travers son exemple, en la rappelant à une nécessaire humilité. Plus gênantes étaient les accusations directes proférées à l'encontre de certains frères, pendant ces assemblées du jeudi. Elles pouvaient être fausses. C'est d'ailleurs la raison pour laquelle le chapitre des coulpes a été supprimé par le concile Vatican II.

J'aurais pu passer toute ma vie monastique à Timadeuc. J'y étais très épanoui et n'avais aucune raison de m'éloigner de la Bretagne. Dieu et l'Algérie en ont décidé autrement. À l'été 1964, nous avons reçu la visite à l'abbaye de dom Jean de la Croix, nouvel abbé d'Aiguebelle. Il avait des liens d'amitié très étroits avec notre supérieur, dom Emmanuel. En avril, dom Jean de la Croix avait effectué une visite d'inspection du monastère d'Algérie, menacé de fermeture. Il avait rencontré là-bas le père Joseph Carmona, curé de Hussein Dey. « On a besoin des frères pour faire vivre l'Église d'Algérie », avait clamé le père Carmona. Dom Jean de la Croix et notre supérieur souhaitaient envoyer un total de huit moines, à titre temporaire, pour relancer Tibhirine.

Ils se faisaient les relais des sollicitations du cardinal Duval, archevêque d'Alger, partisan du maintien et confronté à une situation des plus critiques. Non seulement dom Gabriel, l'abbé général de l'Ordre cistercien, entendait, l'année précédente, fermer l'abbaye presque désertée par les moines – la mort subite de dom Gabriel en décembre 1963 avait finalement suspendu ce projet –, mais la propriété elle-même se réduisait à peau de chagrin. Les nationalisations au lendemain de l'indépendance algérienne avaient fortement réduit sa taille, passée de 374 à 17 hectares. Il fallait agir, vite. Le cardinal Duval proposait une expérience d'un nouveau style, dans l'esprit du concile, propre aussi bien à susciter des vocations qu'à rassurer en partie les autorités algériennes socialistes. L'archevêque d'Alger voulait une présence chrétienne humble et pauvre, à l'opposé de tout prosélytisme. Il entendait que les moines soient de simples témoins de l'Évangile pour aider ce nouvel État dans son développement par des activités d'éducation, de soins ou, même, agricoles.

En entendant parler de Tibhirine, j'ai souri intérieurement. Huit ans ou neuf ans plus tôt, alors que j'étais encore enseignant chez les maristes, j'avais effectué une retraite de fin d'année au collège de Bury, en Seine-et-Oise (aujourd'hui Val-d'Oise). Un conseiller du père général des maristes, à Rome, nous avait diffusé des diapositives du monastère de Tibhirine, au retour de l'un de ses voyages en Algérie ! Je me souvenais aussi de l'enlèvement d'un certain frère Luc par les maquisards du FLN algérien, en juillet 1959 : l'événement avait fait grand bruit au sein de notre Ordre.

En cette année 1964, un chapitre s'est réuni à Timadeuc. Et sans que je manifeste le moindre désir auprès de mon supérieur ou de mes frères, j'ai été désigné d'office, avec trois autres moines, pour partir en Algérie. Ma joie fut profonde, intense. Participer à une telle expérience était un grand cadeau du Seigneur. Je repensais, à ce moment-là, à mes lectures au scriptorium. Albert Peyriguère, Charles de Foucauld… Ils vivaient au milieu des populations musulmanes. L'idée de devenir un petit frère de Jésus m'avait plusieurs fois effleuré l'esprit. Des graines avaient donc été semées par le Seigneur. À notre tour, nous allions tenter de nous inscrire, modestement et communautairement, dans le sillage de ces défricheurs d'espérance.

Comment Tibhirine fut relancée

« Le désert refleurit », s'était enthousiasmé le cardinal Duval, lors de sa première visite dans le « nouveau » monastère de Tibhirine, à la fin du mois d'octobre 1964. Mais pour que les fruits soient dignes des promesses des fleurs, notre communauté dut cultiver l'acharnement, parfois jusqu'aux limites de la rupture. Rudes furent les mois, et même les premières années suivant notre arrivée, le 19 septembre 1964. Le défi spirituel qui nous attendait était de taille. Nous allions devoir apprendre à nous apprivoiser mutuellement avec la population et les autorités locales, tout en « bataillant » aussi parfois avec certains de nos frères – très minoritaires – qui ne voyaient pas toujours d'un très bon œil le fait de pousser trop loin les expériences de convivialité avec les musulmans. Quand, rejoints par quatre moines d'Aiguebelle puis deux autres de Cîteaux, nous avons pris pied dans l'Atlas, une atmosphère de flottement régnait à Tibhirine. Seuls trois moines stabilisés, dont père Étienne et père Amédée, occupaient encore les lieux. Père Amédée donnait des cours d'arabe dans une école voisine. Frère Luc, le médecin qui tenait le dispensaire, était absent. Depuis septembre, il était allé prendre du repos à l'abbaye Notre-Dame des Neiges, en Ardèche. Son séjour en France durerait jusqu'au mois d'octobre de l'année suivante.

L'un des quatre frères de Timadeuc, parti avant nous en éclaireur pendant l'été 1964 à Tibhirine, avait renoncé à nous accompagner. Il avait jugé les conditions trop difficiles, et insatisfaisantes au regard de la quiétude réclamée par un engagement monastique. « On n'arrive pas à dormir la nuit : la chaleur est insupportable, les chiens ne cessent d'aboyer, les locaux sont envahis par les puces. Et il n'y a pas de clôture monastique ! » avait protesté père Jean. Il n'avait pas tort. L'une de nos premières décisions fut de rétablir la clôture monastique, en construisant des murs et des barrières là où ils n'existaient pas. Cette mesure était nécessaire pour la vie communautaire elle-même, et pour les retraitants désireux de ressourcement spirituel.

Il fallait donc arriver à faire comprendre et accepter ce changement par les voisins – parvenir, en somme, à les rendre coopératifs. Au départ, il n'en était pas ainsi. Certains créaient des passages pour recommencer à pique-niquer au milieu de notre parc. D'autres laissaient leurs troupeaux de vaches, chèvres et moutons venir manger ce qui poussait dans notre jardin – nous avons dû instaurer un système de fourrière et ne leur rendions leur bétail que s'ils s'acquittaient d'une indemnité. En toute insouciance, des enfants persistaient à se baigner dans la petite retenue d'eau de la propriété. *« Hâdi blâdna ! »* s'exclamaient-ils. « C'est notre pays ! » Ils nous voyaient comme des étrangers. Il nous importait, selon les sages recommandations d'un ancien, d'être « fermes et bons » et de n'oublier jamais que nous étions des étrangers appelés à devenir des frères formant avec les Algériens une communauté d'amitié et de respect mutuel, en dépit de nos différences de culture, de nationalité et de religion. Apprendre à s'apprivoiser mutuellement était notre projet. Deux moines qui avaient eu un comportement différent n'ont pas été acceptés par la population ; ils ont été obligés de s'en aller.

Deux ans après l'indépendance, l'ambiance dans les environs nous était parfois hostile et les discours publics du FLN ne pouvaient qu'encourager de telles manifestations de défiance. Ceux des Français qui étaient restés en Algérie avaient tendance à être considérés comme des colons. Notre situation était d'autant plus précaire que nous ne disposions pas de titre de propriété. L'emplacement privilégié du monastère, environné de sols fertiles avec vignes et vergers, attisait les convoitises.

Des mois de démarches ont été nécessaires pour nous permettre d'obtenir le précieux sésame, synonyme d'une relative tranquillité. Nous nous sommes rattachés à une association diocésaine gérant tous les biens de l'Église en Algérie. Mais, même cette étape franchie, nous n'étions toujours pas les bienvenus trois ans après notre installation. J'ai le souvenir d'être monté dans la voiture pour aller faire les courses, et d'avoir été pris à partie par un enfant de 5 ans, posté à la sortie du monastère, devant le portail. « Espèce de c… », m'a-t-il lancé. J'ai souri et fait mine de n'avoir rien entendu, en pensant : « S'il dit cela, c'est qu'il l'entend probablement à la maison. »

Ce genre d'invectives pouvait se produire. Mais dans mon esprit, les raisons de notre venue en Algérie étaient très claires : une présence d'Église pour les musulmans, sans la moindre arrière-pensée prosélyte ou néocoloniale. Nous étions là à la manière de saint Paul qui se faisait « juif avec les Juifs et grec avec les Grecs », sans renier le socle de notre foi catholique et notre engagement monastique. Ainsi, dès 1969, nous avons accompli un travail d'adaptation de notre liturgie aux orientations du concile – des traductions du latin vers le français, qui se sont effectuées avec le soutien précieux du père Aelred, le chantre de l'abbaye de Tamié. Pour faire comprendre notre état d'esprit aux Algériens, il n'existait pas d'autre voie que celle de l'amitié et de la convivialité, en s'appuyant notamment sur ce qui avait déjà été entrepris par père Amédée et frère Luc. Mais cela supposait un minimum de stabilité dans notre communauté. Et notre communauté était, à ses débuts, d'une instabilité chronique. Si le Seigneur me permet d'utiliser une image quelque peu triviale, je dirais que Tibhirine ressemblait alors un véritable « panier à salade » : nous y étions secoués dans tous les sens. En treize ans, le monastère a changé treize fois de supérieur ! Les offices étaient réguliers, mais le monastère était petit avec une moyenne de onze frères et sa clôture, imparfaite, entraînait des contacts épisodiques avec la population. Certains religieux nouvellement arrivés ne comprenaient pas ces particularités ; ils n'admettaient pas non plus qu'une trappe puisse tolérer, en son sein, une activité de soins, telle que la menait frère Luc dans son dispensaire. Ainsi ces moines se sentaient-ils déstabilisés par rapport à ce qu'ils connaissaient dans leurs abbayes, strictes et bien réglées. À chacun de leurs retours en France, c'est notre communauté qui se trouvait affectée dans son fonctionnement. Il fallait tenir bon le gouvernail du frêle esquif tanguant dans l'océan d'islam !

Nommé commissionnaire dès 1967 en remplacement de père Étienne, j'étais chargé aussi de déposer les demandes de séjour au commissariat de Médéa, pour les nouveaux arrivants. Les premières années, les permis excédaient rarement trois ans. L'opiniâtreté était une qualité indispensable face aux policiers, toujours suspicieux et très réticents à délivrer les autorisations nécessaires. Je me souviens de la réflexion peu amène d'un responsable : « Si c'était un vieux qui arrivait, il n'y aurait pas de problèmes. Mais un jeune moine, que vient-il faire ici ? Un jeune doit se marier ! » Ce n'est qu'après 1984, quand Christian de Chergé est devenu prieur, qu'un accord a pu être trouvé avec les autorités, fixant à treize le nombre maximal de frères à Tibhirine. « Treize, comme Jésus au milieu de ses douze apôtres », souriait Christian...

Rester confinés dans notre monastère aurait été le condamner à la fermeture, à brève échéance. Notre seule chance de « survie » était d'approfondir en douceur, et sans excès, les liens avec la population. Père Amédée parlait arabe et enseignait dans le voisinage. Frère Luc tenait le dispensaire, chaque jour de la semaine, souvent jusqu'à l'épuisement. Quant à moi, je devais aller trois fois par semaine faire les courses au marché de Médéa. Cette tâche était une joie. Je la vivais comme un envoi de la part de ma communauté. C'était le bonheur simple de la relation. Je n'y allais pas tellement dans le but de gagner de l'argent ou de vendre. J'étais là, habillé en civil sur cette petite place, comme Jésus parmi les hommes. J'étais là, sans rien dire ou presque, comme un moine. Une simple présence d'Église qui me paraissait belle en raison de sa simplicité même. Le Seigneur agissait à travers moi, sans aucun prosélytisme. Les habitués du marché me connaissaient. Un lien s'établissait avec eux. J'arrivais à me débrouiller en arabe après m'être exercé avec une méthode des pères blancs. J'achetais les fruits et légumes dont nous manquions, et vendais une partie de notre production : pommes de terre, courgettes, haricots rouges, pommes ou prunes. Personne n'a jamais refusé de commercer avec moi. J'avais sympathisé avec des marchands kabyles et me rendais directement à leurs étals pour gagner du temps dans mes achats.

La population était accueillante, mais restait assez stricte d'un point de vue religieux, avec des réactions parfois imprévisibles. Sur la route, il se pouvait que je croise de jeunes Algériens qui, me voyant, posaient un doigt sur leur œil clos : c'était une manière abrupte de nous signifier qu'ils n'entendaient pas se compromettre avec notre religion. Ils se défendaient ainsi du « mauvais esprit ». Souvent, cette attitude se rencontrait chez des enfants ou des adolescents. Au début, je n'avais pas le courage de leur dire que leur geste me peinait profondément, étant donné les intentions profondes qui m'animaient avec mes frères.

Père Amédée m'a aidé à cheminer vers le vrai. Il était moins réservé que moi et n'hésitait pas à se lancer à leur poursuite pour les dissuader de recommencer ! Certains groupes d'adolescents jetaient parfois du sable ou des pierres sur ma 4L quand je prenais la route du marché de Médéa. Je refusais d'acheter les bonnes volontés, contrairement à un frère – alors définitivement rentré en France – qui distribuait des porte-clés à tout-va. Un jour, père Amédée m'a accompagné à Médéa, car il avait rendez-vous à la banque pour notre comptabilité. Dans la traversée d'un village, la même bande a surgi, au milieu du chemin. Amédée m'a ordonné : « Arrête-toi, on descend ! » Je l'ai vu courir à grandes enjambées jusqu'aux maisons des parents. Il s'est ensuite rendu chez l'instituteur. Les petites « agressions » se sont immédiatement calmées. J'ai compris que seule la relation pouvait empêcher la répétition de tels actes gratuits qui devaient davantage être interprétés comme un appel maladroit au dialogue. Alors, un jour, à mi-parcours, voyant de nouveau le chef de cette bande sur le bord du chemin, j'ai stoppé net ma voiture. « Veux-tu venir au marché avec moi ? » lui ai-je demandé. Il a accepté. En revenant, je lui ai offert deux pains pour sa famille. C'était un premier contact, naturel. Les fois suivantes, j'ai pris la peine de m'arrêter régulièrement, en cours de route, à l'épicerie de ce village. J'étais au milieu de ces adolescents. Nous sommes devenus familiers les uns des autres. Il n'y a plus jamais eu aucun accrochage avec eux. Il suffisait d'aller à leur rencontre. Tant de choses passent par la manière d'être !

Cela, frère Luc l'avait compris bien avant nous, lui qui soignait sans relâche les populations déshéritées des environs dans le dispensaire, qu'il était prêt à ouvrir au besoin en pleine nuit. À son retour à Tibhirine, en octobre 1965, ses activités avaient immédiatement repris, malgré l'incompréhension de certains moines, qui estimaient que ce n'était pas là la vocation des trappistes. J'ai toujours pensé le contraire et il est heureux que cette option, partagée par d'autres, ait toujours triomphé des résistances internes. Cultiver ce type de relation était bien plus important que de tenter une pâle imitation des mœurs locales qui risquait de n'être que

de pure forme ou, pire encore, de nous affaiblir physiquement et moralement.
Nous nous étions posé la question, au moment de notre installation, de nous coiffer de chéchias et de manger à l'algérienne. « Surtout pas ! Vous ne tiendriez pas ! » avait prévenu frère Luc. Il avait mille fois raison. Quand je voyais, de ma fenêtre de l'hôtellerie, la longue file d'attente qui se formait devant le bâtiment où il tenait consultation, je me disais : « C'est grâce à sa présence que le Christ peut continuer à soigner les gens, et c'est grâce à sa présence que les gens peuvent rencontrer le Christ sans le savoir. » Son acculturation était un modèle. Luc, dont j'étais très proche, me faisait penser à Philippe Néri : le fondateur de la congrégation de l'Oratoire adoptait volontiers des manières tendant à le rabaisser lui-même, pour éviter que son entourage ne fasse de lui un « personnage ».
Notre médecin était ainsi : humble parmi les humbles. « Je suis plus malade que ceux que je soigne », m'avait-il confié. Il portait le vêtement religieux – et la barbe – des frères convers*. Sa tête était souvent coiffée d'un bonnet trouvé parmi les objets destinés aux pauvres. De même ses chaussures étaient-elles parfois mal ajustées ou dépareillées. Venir en aide aux nécessiteux était son premier souci ; il recevait pour eux des colis de France. Ce cœur d'or et cette générosité entraient

* Avant le concile Vatican II, les convers étaient des frères le plus souvent chargés des travaux agricoles. Ils ne participaient pas au chapitre de la communauté. Après ce concile, ce statut a été supprimé, sauf pour ceux qui ont choisi de le conserver.

en résonance avec la culture locale où le partage était une notion essentielle.

Beaucoup ont répété avec justesse qu'il était « le médecin des corps et des âmes ». Les femmes aimaient venir à sa consultation, pas seulement parce que c'était un lieu où elles pouvaient se rencontrer ; elles pouvaient aussi s'y raconter. À frère Luc, elles confiaient leurs difficultés. Dans les villages de cette région, les épouses sortent peu. Notre médecin leur donnait des conseils et interpellait même leurs maris : « Il faut prendre l'air avec votre femme. Ne la laissez pas enfermée avec les gosses qui mettent leurs nerfs et leur patience à rude épreuve. Elle a besoin de s'épanouir. » Il y avait des dépressions à cause de cet enfermement. Luc, dont j'étais l'ami et le confesseur, ne m'a jamais fait savoir si les maris écoutaient ces conseils, car il était très discret. Mais je pense que ces recommandations ont eu de l'effet.

Je suis témoin, en tout cas, de l'aura exceptionnelle dont jouissait frère Luc. Je l'avais accompagné un dimanche après-midi dans une ferme isolée, en montagne. Et ce sont des femmes qui étaient venues à notre rencontre, avec des enfants sur les bras ! Une image de l'Évangile m'est aussitôt apparue : « Alors on lui amena des petits enfants, afin qu'il leur imposât les mains et priât pour eux. Mais les disciples les repoussèrent. Et Jésus dit : Laissez les petits enfants, et ne les empêchez pas de venir à moi ; car le royaume des cieux est pour ceux qui leur ressemblent. Il leur imposa les mains, et il partit de là » (Matthieu 19,13-15).

Abdelaziz, le fermier, nous a fait installer avec sa femme autour d'une table basse dans la cour intérieure de sa

maison. Un moment extraordinaire a suivi, autour d'un thé : leur fille d'une vingtaine d'années est arrivée en présentant son bébé, qu'elle a fait embrasser par frère Luc, avec l'assentiment des grands-parents, radieux. Lui, frère moine disciple de Jésus ; elle, fille d'un foyer musulman : dans ces événements tout simples se mêlaient imperceptiblement l'humain et le divin. C'était comme un sacrement de la présence du Christ. Une grâce passait dans les deux sens. Dans cette région de l'Algérie, il est exceptionnel que les habitants acceptent de laisser voir leurs épouses aux étrangers. Un jour, dans une maison, en allant rendre visite au chef de famille, j'avais salué les femmes qui s'affairaient dans la cuisine d'un simple mot de politesse ; je me l'étais fait reprocher sévèrement par ce voisin algérien.
Par son dispensaire et par sa personnalité aussi bourrue que généreuse, frère Luc permettait, avec d'autres, à la confiance de gagner du terrain, d'année en année. Nous n'allions presque jamais dans les familles : les très rares fois où des frères avaient répondu à des invitations, des jalousies étaient ensuite apparues entre des habitants, jusqu'à provoquer des coups de feu. Mais de petits miracles pouvaient s'accomplir sous nos yeux. « Ceux-là, ils sont comme nous », avait ainsi répondu un vendeur du marché de Médéa au professeur Georges Guillemin, chirurgien à l'hôtel-Dieu de Lyon et grand ami de frère Luc, à l'occasion de l'une de ses visites dans l'Atlas. Nous ne cherchions pas à « posséder » la population pour lui transmettre notre religion ; nous vivions avec elle les mêmes relations qu'entre nous, portées par des exigences identiques (qualité du travail, demande de pardon...). C'était comme si la com-

munauté s'élargissait – une expansion de l'Église vécue intérieurement. La confiance était totale : sur le marché, un ouvrier qui vendait du matériel agricole m'avait même demandé de lui faire sa comptabilité !
Vers la fin des années 1970, nous avions aussi été conviés au mariage d'une jeune fille qui travaillait auparavant dans le bâtiment de la protection maternelle infantile, tout proche de notre propriété. Sa famille habitait dans l'ancienne ferme du monastère. C'est avec émotion que je me remémore cette soirée. Quand je suis arrivé, les hommes n'étaient pas là, sauf un seul qui gardait la maison. Une femme m'a fait signe d'entrer. Et j'ai eu la chance inouïe d'assister à des rites antéislamiques de fécondité et de richesse, avec imposition du henné. Dans cette pièce, j'étais entouré de femmes qui m'avaient fait asseoir sous une calligraphie du Coran. Vers la fin de cette fête, l'animatrice m'a demandé si je voulais qu'elle m'impose également du henné sur la main. J'ai accepté en signe de mon adhésion totale à la mission d'amour et de présence à ce peuple reçue de l'Église avec ma communauté.
C'était si précieux que j'ai pris soin de ne pas en faire disparaître les traces. Quand je suis revenu et que le père Aubin – un ancien père blanc, et l'une des figures de notre monastère – a vu mes mains brunâtres, il était presque révulsé : « Mais c'est diabolique ! » s'est-il exclamé, avec un air de dégoût. « Non. C'est mon baptême d'entrée en pays musulman », lui ai-je répondu. Il redoutait du syncrétisme là où je ne voyais que communion, à travers ces femmes, avec tout un peuple. Que leurs chants étaient tristes ! Une femme qui se marie dans ces régions a conscience de

ce qui, très souvent, l'attend : le risque de perdre sa liberté et l'enfermement.

L'arrivée de Christian de Chergé, en 1971, a comme scellé ces avancées dans le dialogue avec les musulmans, même si ce fut, au début, au prix de quelques heurts communautaires qui ont fini par se résorber à force de concessions réciproques. Passé par le séminaire des Carmes, à Paris, Christian avait déjà la réputation d'être un grand intellectuel. Après un an et demi comme profès temporaire au monastère de l'Atlas, il est parti pendant deux ans, entre 1972 et 1974, étudier la langue arabe et la religion musulmane à l'Institut pontifical d'études arabes et islamiques des Pères blancs, à Rome. À son retour de Rome, j'avais mené avec lui une expérience particulière à Tibhirine : nous nous retrouvions à deux, au moins une fois par mois, pour un temps de partage autour d'une parole de l'Évangile, afin d'essayer d'évoluer dans la vie spirituelle et de mettre nos comportements en accord avec les Textes. Cette expérience, très intense, ne s'est poursuivie que quelques mois, car il avait tendance à tout chaperonner, autant que j'avais le défaut de ne pas parvenir à exprimer mes désaccords par des paroles immédiates. Les moines plus anciennement arrivés à Tibhirine, qui étaient au contact des musulmans sans être des intellectuels, avaient parfois le sentiment d'être pris de haut par Christian, alors même que leurs relations avec la population participaient d'un dialogue tout aussi nécessaire que les échanges à plus haut niveau. « Les tensions sont normales et elles sont bonnes dans la mesure où elles apparaissent comme une épreuve qui doit être surmontée », avait rassuré le père général de l'Ordre, dom Ambrose, lors d'une visite à Tibhirine. Il fallait accomplir « l'unité dans la diversité » selon la formule du concile Vatican II.

Au fil des ans, Christian a fait évoluer sa conduite et nous avons amélioré la nôtre : il a de plus en plus délégué, en étant très attentif à la participation des frères et en organisant même des conseils communautaires pour permettre à chacun de s'exprimer. C'était après son élection comme prieur, en 1984. Mais sa venue, dans les années 1970, a eu, assez vite, d'autres effets bénéfiques : elle a contribué à enraciner un peu mieux le monastère en terre d'islam. Statutairement, Christian ne pouvait accomplir sa profession solennelle à Tibhirine, le 1er octobre 1976, si au moins six moines n'étaient pas stabilisés. Six d'entre nous, dont moi-même, ont alors décidé de franchir le pas.

Dans mon cas, ce ne fut pas sans hésitation. Une religieuse m'avait juré : « Vous allez voir, ça va se passer comme en Chine ; l'Algérie va nous expulser. » Et un incident avait semé le doute en moi, au début de l'année 1976. Un ordre était venu du colonel Ahmed Benchérif, chef de la gendarmerie nationale : « Je vous donne quinze jours pour quitter Tibhirine. » Nous nous retrouvions otages d'une lutte de pouvoir au sommet de l'État. Benchérif cherchait à se positionner par rapport au président Houari Boumédiène. Des voitures de la gendarmerie s'étaient mises à circuler autour du monastère. Le cardinal Duval, que nous avions averti de cette situation critique, avait conseillé : « Ne bougez pas, mais faites comme si vous deviez partir. » Suivant les conseils de l'archevêque d'Alger, nous avions brûlé des documents non indispensables et chacun avait préparé ses valises.

Parallèlement, des contacts avaient été pris en haut lieu. Et l'affaire s'était réglée en deux jours après une entrevue entre le cardinal Duval et le président Boumédiène. « Vous savez, lui avait dit le président algérien, je ne suis pas seul à commander ici. Allez donc voir Benchérif. » Ce qu'il s'était empressé de faire. Le chef de la gendarmerie avait reçu Mgr Duval avec les honneurs militaires. Et le lendemain, la vie du monastère avait pu reprendre son cours normal. « Nous sommes là *usque ad vitam aeternam* », martelait le cardinal Duval à chacun de ses séjours annuels au monastère pour l'Assomption. « Pour l'éternité... »

Je m'étais promis de m'engager pour la vie en Algérie, à mon départ de Timadeuc. Il n'était pas question de revenir en arrière. Ce vœu de stabilité prenait là une dimension supplémentaire : il valait pour la communauté, aussi bien que pour la population environnante. C'était comme un mariage avec le peuple algérien. Cette union que nous contractions alors a eu une belle descendance. En 1984, l'Ordre trappiste a accédé à notre demande de transformer l'abbaye de Tibhirine en simple prieuré. L'évolution statutaire mettait fin à un état juridiquement irrégulier qui aurait pu conduire à la fermeture du monastère, nos supérieurs étant toujours désignés par l'abbaye d'Aiguebelle. Et nous ne voulions pas d'un abbé, car cela nous aurait obligés à former une communauté nombreuse. La formule du prieuré parachevait le vœu du cardinal Duval : elle permettait de graver dans le marbre cette présence réduite et discrète, acceptable aux yeux des autorités algériennes.

C'est ainsi que Christian de Chergé a été élu pour la première fois prieur en février 1984. Les fondations d'un dialogue avec les musulmans n'en devenaient que plus solides. Déjà, en 1979, Christian avait lancé avec Claude Rault, futur évêque du Sud-Sahara, les Rencontres du Ribât el-Salâm (« lien de la paix ») auxquelles seront bientôt associés quelques mystiques soufis à la suite de ma visite au Centre de formation administrative de Médéa*. Mais à partir de son élection, les initiatives se sont multipliées tous azimuts. En 1986, il a décidé la création d'un potager coopératif. Frère Christophe était responsable de cette petite association mise sur pied avec des voisins musulmans. Quatre jeunes pères de famille recevaient une parcelle de terrain. Nous leur fournissions les engrais, les graines, l'eau… Et ils cultivaient ce jardin. C'est frère Paul qui prenait soin de l'aménagement du système d'irrigation. En fin d'année, nous nous partagions les récoltes. L'année suivante, nous recommencions en programmant ensemble répartition du terrain et cultures à entreprendre. Le partage pouvait aller au-delà, et se poursuivre avec des excursions ou des repas pris en commun dans les champs.

Ces relations avec les habitants étaient très « terre à terre », loin des grands débats théoriques. Leur richesse participait à l'équilibre d'ensemble. Ces personnes du voisinage, qui, vingt ans plus tôt, nous considéraient souvent comme des étrangers, se mettaient à évoquer Tibhirine avec affection : « Notre monastère », disaient les villageois, comme si nous faisions tous partie de la

* Lire au chapitre 4 la partie intitulée « Tibhirine : la voie du soufisme ».

même maison. Tout en restant musulmans, ils aimaient cette présence et elle leur convenait. Après l'indépendance, nous étions les seuls à sonner les cloches en Algérie : dans les mosquées voisines, nous savions que certains imams nous accusaient de propager la « voix du diable ». Mais au milieu des années 1980, la population réglait sa vie sur nos cloches. Des habitants s'étonnaient même parfois : « Comment se fait-il que vous ayez sonné une seule cloche aujourd'hui alors que c'est une fête importante chez vous ? »

L'échange valait dans les deux sens. Nous leur demandions qui était le muezzin du jour et nous efforcions ensuite de reconnaître sa voix, devant eux, les jours suivants. Père Célestin, qui avait le goût de la musique, a eu l'idée de composer un Credo sur le ton de l'appel du muezzin, pour certaines de nos célébrations. La plus belle des conquêtes n'est-elle pas celle du respect mutuel ? Lorsque l'appel du muezzin retentissait dans les mosquées pendant les vêpres, nous aimions interrompre notre office pour ne pas oublier d'être à l'écoute de nos frères en humanité, sans pour autant souscrire à leur profession de foi : cette proposition avait été émise par frère Michel, en 1992.

Parce que nous reconnaissions la valeur de leur prière, les musulmans reconnaissaient aussi la nôtre. À la mort du père Aubin, en mars 1984, nous avons exposé son corps sous le narthex. Des voisins ont défilé à son chevet, attristés. Et ils lui ont baisé le front. Nous avons été bouleversés par ce geste. Je me souvenais à cet instant d'anciennes paroles de musulmans qui regardaient parfois les chrétiens comme des impies et « de l'aliment pour le feu de l'enfer ». *Tibhirine*, en kabyle, veut dire « jardin ». Les fleurs avaient été si nombreuses à fleurir dans le désert qu'il était inimaginable de voir la violence les faner, une à une.

Au cœur de la « décennie noire »

« Dieu vient à mon aide ! » Le deuil avait frappé l'abbaye Notre-Dame des Dombes en plein office des vêpres. Dans l'Ain, père Aelred (André Larbiou) avait rendu son dernier soupir en entendant le début du psaume 70, au moment où il appuyait sur les touches de l'orgue pour accompagner la voix de ses frères. Nous adressait-il, en ce 23 mai 1993, une ultime prière de soutien, de son monastère qui figurait parmi les « ancêtres » directs de Tibhirine ?

Pendant quatre ans, entre 1967 et 1973, père Aelred avait été envoyé par l'abbaye de Tamié, en Savoie, pour m'aider à refondre la liturgie dans l'abbaye de l'Atlas. C'était une époque bien plus paisible qu'en ce début des années 1990. Trente ans après l'indépendance, la jeune nation algérienne se retrouvait secouée par de violents affrontements. Le basculement progressif de l'Algérie dans la guerre civile était prévisible. Sans être experts en politique, ni nous mêler en quoi que ce soit de la vie des institutions algériennes, nous voyions bien, de notre monastère, que le pays était mal en point.

De grandes manifestations, suivies d'émeutes, avaient défié le pouvoir en place, dès le mois d'octobre 1988, et, jusque dans notre région, elles avaient été réprimées avec fermeté par les autorités. Moi qui me rendais toujours au marché de Médéa pour faire les courses, j'avais vu les façades noircies des bâtiments de la mairie, du tribunal et de l'agence d'Air Algérie : des protestataires avaient tenté de mettre le feu à ces symboles de l'État. La colère a rapidement trouvé à s'exprimer par d'autres canaux. Nous sentions que la création en février 1989 du Front islamique du salut (FIS) recevait un accueil favorable dans la région.

Lors des premières élections libres de 1990, beaucoup ont donné leur voix au FIS : ils pensaient, entendait-on, « revenir à un ordre plus juste » grâce à la religion. Preuve de la grande mobilisation de la population, un voisin nous avait raconté que sa grand-mère s'était rendue aux urnes pour la première fois de sa vie, « parce que c'était pour la religion ». Après l'annulation du scrutin, le 26 décembre 1991, nombreux furent les partisans du FIS à avoir pris les armes et le maquis dans les forêts alentour. Les accrochages avec les forces de l'ordre n'ont cessé de se multiplier au fil des mois, plaçant notre communauté dans une situation des plus inconfortables – le monastère, situé près du sommet d'une colline, occupait une position stratégique au-dessus de la vallée. Aussi paradoxal que cela puisse paraître, c'est aussi ce climat de danger qui nous a soudés comme jamais pour nous conduire vers « un sommet de la vie spirituelle », selon l'expression même de dom Armand Veilleux, procureur général de l'Ordre, venu faire une visite régulière à Tibhirine en janvier 1996.

En ce début d'année 1992, les tristes nouvelles s'accumulaient pour les Algériens : au centre de Médéa, les affrontements parfois meurtriers devenaient malheureu-

sement fréquents à la sortie de la prière du vendredi. Frère Luc recevait parfois des blessés à soigner. Dans ce contexte de plus en plus douloureux, nous avons préféré ne pas équiper le monastère de barreaux aux fenêtres. Notre souhait était de maintenir une atmosphère de confiance avec le voisinage, et d'éviter à tout prix de donner l'impression de nous barricader, solidaires que nous étions des souffrances de cette population avec laquelle nous partagions tant, depuis des années. Il n'était pas question de modifier nos habitudes, ni bien sûr d'interrompre la culture de fruits et de légumes, essentielle à notre survie.
Trois fois par semaine, je continuais d'aller faire les courses à Médéa, où je mesurais les difficultés croissantes pour s'approvisionner. Il m'avait fallu un jour franchir quinze barrages de militaires pour effectuer les 7 kilomètres me séparant de la ville. Une fois sur place, nous n'étions pas au bout de nos peines. Des files d'attente de plus en plus longues se formaient devant les boulangeries. Le pain devenait rare en raison de la pénurie de farine et l'inflation se faisait galopante. Au printemps, les prix du fioul avaient été multipliés par trois en l'espace de quelques semaines. C'était un grave sujet de préoccupation pour notre monastère. Car nos ressources se raréfiaient, par ailleurs, avec la diminution vertigineuse du nombre de retraitants à l'hôtellerie. Avec ses talents de bricoleur, frère Paul s'était lancé dans des travaux d'isolation des toits avec des plaques en polystyrène pour économiser sur les frais de chauffage. La solidarité extérieure – des dons venus d'amis – et la générosité de nos voisins permettaient de tenir bon : si nous ne trouvions pas de pain à acheter, ils

nous en procuraient. Les conditions de vie devenaient difficiles, mais pas insurmontables, malgré l'instauration d'un couvre-feu à partir de décembre 1992. Christian avait utilisé l'expression « frères de la montagne » (maquisards islamistes) et « frères de la plaine » (militaires) pour montrer notre volonté de ne pas prendre partie dans ce conflit et de ne pas ajouter, à la violence des armes, celle des mots.

Mais le grand danger a fini par nous assaillir, les trois derniers mois de l'année 1993. L'ambassade de France commençait à recommander d'éviter tout déplacement inutile dans le pays. Les époux Thévenot avaient été pris en otages, puis libérés à Alger. Et voilà qu'expirait, le 1er décembre, l'ultimatum du GIA, qui avait donné un mois aux étrangers pour quitter l'Algérie. Le premier choc, notre première douleur, a été d'apprendre l'assassinat de douze Croates, égorgés à 4 kilomètres du monastère, le 14 décembre. Ils travaillaient au creusement d'un tunnel à Tamesguida. Un commando d'une cinquantaine d'hommes sous les ordres de Sayah Attia, émir local du GIA, s'était attaqué à eux, ne laissant la vie sauve qu'à ceux des ouvriers qui étaient supposés être des Bosniaques musulmans. N'étions-nous pas indirectement visés ? Pouvions-nous rester sans réaction ? L'année précédente, les Croates étaient venus participer aux offices de Pâques et de Noël à notre chapelle. Nous les connaissions tous…

Était-il temps de s'en aller ? Notre réconfort a été de constater que, dès le lendemain, des villageois frappaient à la porte du monastère : ils voulaient prendre de nos nouvelles. Leurs regards en disaient long sur l'inquiétude qu'ils nourrissaient à notre propos. Ce drame allait donner l'occasion aux autorités de nous mettre en garde, une fois de plus, sur les risques que nous courions. Quelques jours après, Christian a été de nouveau convoqué par le *wali* (préfet) de Médéa. Il proposait de nous mettre en sécurité pour au moins une nuit dans un hôtel de la ville. Nous avons catégoriquement refusé pour les mêmes raisons que lorsque nous avions rejeté la protection de la police, nuit et jour, aux abords du monastère : cela aurait compromis le lien fraternel avec une population qui avait besoin de notre présence. Si nous étions devenus des « privilégiés » mis à l'abri de la guerre civile par les autorités, nous aurions perdu notre neutralité revendiquée et n'aurions plus été des moines au sens où nous l'entendions.

Ces questions devaient néanmoins être débattues entre les frères, afin que chacun puisse librement exprimer son opinion quant à l'opportunité éventuelle d'un départ, si la situation sécuritaire venait à se dégrader davantage. Le 23 décembre 1993, Christian a réuni un chapitre au monastère sur le thème « Quelles sont nos raisons communautaires de rester ici ? », pour entamer l'échange. Il en ressortait déjà que notre communauté se voulait un humble rempart contre la haine croissante que pouvait engendrer, en France notamment, la guerre civile algérienne. Notre expérience était la preuve qu'une entente était possible avec les musulmans. L'arrêter, c'était mettre fin à l'espoir d'une convivialité rayonnante, partagée au-delà de Tibhirine. De cela, nous étions tous convaincus. Noël approchait. La célébration de la naissance de Jésus dans la crèche, symbole de fragilité autant que source d'espoirs pour l'humanité, nous encourageait à persévérer dans notre mission.

Et « ils » sont arrivés sans prévenir, le soir du 24 décembre, juste après notre repas. Au moins trois « frères de la montagne », armés, qui demandaient à rencontrer « le pape des lieux » – notre prieur, Christian. J'étais en train de préparer la messe de minuit à la chapelle quand j'ai vu un jeune combattant en tenue militaire, kalachnikov à l'épaule, entrer par la sacristie J'ai eu ordre de le suivre avec père Célestin, jusqu'à l'hôtellerie. Dans le couloir, frère Michel est sorti de la cuisine, embarqué à son tour. Je me suis retourné en marchant pour voir sa réaction : il était juste derrière moi, et avançait tête baissée. À cet instant, j'ai songé aux prophéties d'Isaïe : « Comme l'agneau qui se laisse mener à l'abattoir, comme devant les tondeurs une brebis muette, il n'ouvrait pas la bouche » (Isaïe, 53,7). À l'hôtellerie, nous avons été regroupés avec Gilles Nicolas, le curé de Médéa, et deux étudiants du Centre de formation administrative de la ville. Le leader menaçant du commando n'était autre que Sayah Attia, le chef du groupe du GIA soupçonné d'avoir assassiné les Croates dix jours plus tôt. Nous n'en menions pas large, persuadés que notre heure était venue. L'un des jeunes maquisards a tenté de nous rassurer : « On ne vous fera rien. Nous sommes contre le gouvernement impie. »

Christian est arrivé, en colère de voir que des hommes en armes avaient fait irruption au sein du monastère. « C'est une maison de paix ici ! Sortons pour discuter », a-t-il courageusement lancé à Sayah Attia. Ce dernier avait trois exigences, d'après ce que nous a raconté

Christian : il voulait de l'argent, des médicaments, et que frère Luc se rende disponible pour aller soigner leurs malades et leurs blessés dans le maquis, si nécessaire. Christian a refusé ces demandes une à une, tout en laissant une petite porte entrouverte : « Si vous avez des malades ou des blessés, qu'ils viennent et nous les soignerons ici comme les autres. » Nous aurions soigné des militaires de la même manière s'ils avaient sollicité les services du dispensaire. Un mot de passe avait été défini pour ceux qui auraient eu besoin des services du médecin : « Monsieur Christian ». Puis notre prieur a fait remarquer à Sayah Attia qu'il s'était présenté de manière indélicate alors que nous fêtions la naissance du « Prince de la Paix » – Sidna Issa chez les musulmans – et le « frère de la montagne » s'est excusé. « Je ne savais pas », a-t-il dit, avant de tendre la main à Christian, qui a beaucoup hésité à la saisir, car il savait que c'était peut-être la même qui avait tué nos amis croates...

Ce grave incident de la nuit de Noël a plongé certains de nos frères en état de choc. Frères Christophe et Philippe étaient partis se cacher à la cave jusqu'au lendemain matin. Célestin, qui souffrait de problèmes cardiaques, a fait une crise de panique. Par accès de nervosité, il n'a cessé de parler, pendant des jours. Nous l'avons envoyé se faire hospitaliser en France où il a subi plusieurs pontages. Mais il a voulu revenir malgré tout par solidarité avec sa communauté. Il ne souhaitait pas prolonger indéfiniment son séjour dans son pays d'origine. Frère Paul, qui était lui aussi parti se reposer quelque temps en Haute-Savoie, se trouvait dans le même état d'esprit.

Fin décembre 1993, nous avions pris communautairement la décision de rester. Ce choix correspondait à notre vocation. Nous étions là au nom du Seigneur pour réaliser une communion d'amour fraternel. Nous avions la conscience ferme qu'il ne convenait pas que notre propos faiblisse et cède, au moment où il se trouvait confronté à la violence. Il y avait toujours en nous l'espérance que cette violence pouvait se laisser vaincre par la force douce et désarmée de l'Évangile vécu. N'est-ce pas précisément ce qu'avait montré l'épisode avec Sayah Attia et son « heureux » dénouement ? Quitter les lieux aurait été abandonner le poste que nous avait confié le Seigneur. Et les habitants tenaient à ce que notre communauté reste avec eux. Ils se sentaient plus en sécurité. S'il s'était avéré que notre présence soit ressentie comme un danger pour eux et qu'ils nous confient qu'il valait mieux nous en aller, nous n'aurions pas hésité à nous soumettre à leur désir.
Début 1994, Christian avait eu un échange avec Mohammed, notre gardien, qui montrait toute la force de ce lien avec la population. « Nous sommes comme l'oiseau sur la branche », lui avait déclaré Christian. « Oui, mais l'oiseau, c'est nous, et la branche, c'est vous. Et si on nous coupe l'arbre, où l'oiseau va-t-il se poser ? » avait interrogé Mohammed. À l'occasion d'une fête, des voisins nous avaient offert une pâtisserie sur laquelle ils avaient inscrit le nom de Tibhirine. Au centre du gâteau, ils avaient posé une fleur en nous expliquant : « Le village de Tibhirine vous fait ce cadeau. Et vous êtes au centre, comme la fleur. »

Tenir, il le fallait. Malgré la succession d'attentats qui redoublaient d'intensité en 1994, et visaient désormais les religieux. Le 8 mai, un appel d'une petite sœur de l'Assomption nous apprenait l'assassinat à Alger du frère Henri Vergès et de sœur Paul-Hélène Saint-Raymond. Frère Henri était un religieux mariste, membre du Ribât. Sœur Paul-Hélène avait effectué une retraite dans notre monastère. C'était le début d'une longue série d'autres attaques meurtrières.

Nous étions continuellement en danger. En plein office, un hélicoptère avait survolé notre chapelle. Était-ce pour nous intimider ou parce qu'une opération se préparait dans les parages ? Nous ne saurons jamais. Une étrange ambiance régnait entre nos murs, en soirée. Nous nous retrouvions seuls, avec comme un nuage menaçant flottant dans l'air. L'hôtellerie avait été fermée par mesure de sécurité, après la visite de Sayah Attia, qui sera abattu au printemps 1994. Mais la « peur » était surmontée. « C'est normal d'avoir peur, mais sa peur, il faut la vaincre. Sinon, on ne fait plus rien, et on n'est plus à sa place », nous avait déclaré un père jésuite. Ainsi avions-nous renoncé à aménager une cache dans une grande salle de stockage pour les fruits : elle aurait pu être aisément fortifiée avec une porte blindée. Aucune arme, pas même un gourdin, n'était dissimulée chez nous. Il nous paraissait clair que nous aurions alors perdu la confiance de tous : religieux nous étions, religieux nous devions rester. Notre communauté était une école de charité. Et le Seigneur nous offrait Sa protection.

Comme mes frères, j'étais très exposé aux risques. Mais la ligne de téléphone de sécurité que le prieur avait fait installer entre ma chambre, à la porterie, et le bâtiment du gardien grésillait tellement la nuit qu'elle

m'effrayait plus que les terroristes. Je l'ai fait couper ! Avant de prendre ma voiture pour aller au marché, je me rendais d'abord dans la chapelle pour prier et me mettre dans les mains de Dieu. Jamais personne n'a tiré sur mon véhicule, mais cela aurait très bien pu arriver. Le pire pouvait se produire à tout instant ; pourtant je marchais droit, comme si tout était normal. Souvent, j'ai entendu des coups de feu retentir à Médéa. Je restais alors dans ma voiture en priant.
Sur le marché, s'étalait la souffrance des habitants qui avaient faim. Je devais parfois faire de longues recherches en ville pour trouver du pain, et quand elles n'aboutissaient pas, nous tentions de le fabriquer nous-mêmes, avec fort peu de succès. Un jour que j'avais pris en voiture le chef du bureau des étrangers du commissariat, il m'avait sermonné : « Vous allez dans ce quartier ? Mais c'est très dangereux : il y a eu des attentats contre les militaires ! » « Oui, lui ai-je répondu, mais les gens me connaissent, et ils ne me feront rien parce qu'ils savent que je suis religieux. » « Justement, ils risquent de s'en prendre à vous pour cette raison ! » a-t-il ajouté. Un jeune boulanger m'avait lui aussi exprimé ses craintes : « J'ai peur pour vous et pour l'ensemble des moines. » Dans un faubourg, j'étais tombé sur un engin blindé, à l'arrêt : le capitaine gisait sur le capot, assassiné.
Au monastère même, notre marge de manœuvre se réduisait ; dès 1994, le FIS avait interdit la vinification dans l'ensemble du pays. Nous avons dû apprendre à économiser les réserves en cuve ! Le grondement de la violence résonnait dans les forêts proches du monastère. À quatre ou cinq reprises, des « frères de

la montagne » sont venus discrètement se faire soigner au dispensaire de frère Luc. Ils nous ont même forcés, un jour, à les laisser utiliser notre téléphone. Nous avions toujours strictement refusé de le faire, mais il a fallu céder devant leurs menaces.
La communauté soudée dans l'épreuve avait dépassé ses petits conflits, inévitables, comme dans toute famille. Des religieux trouvaient encore le courage de nous rendre visite, nous procurant une grande joie en ces temps où les journaux et le courrier ne nous parvenaient plus que de manière très aléatoire. Fin février 1996, le père Bernard Rérolle, grand spécialiste du bouddhisme, était venu nous enseigner les principes de la méditation zen, en nous faisant pratiquer des exercices de respiration. Je m'étais entraîné quelques jours à tenir la position du lotus, sans grand succès ! Gilles Nicolas, le curé de Médéa, montait nous voir toutes les semaines. Mgr Henri Teissier, archevêque d'Alger, présidait très régulièrement l'eucharistie du dimanche et restait en permanence en contact avec nous.
Et frère Luc, notre médecin, soignait plus que jamais sa cuisine, en nous préparant ses frites, croquantes à souhait, chaque vendredi. Il plaisantait : « La cuisine, c'est très important pour le moral d'une communauté, et vous savez bien que dans nos monastères, il est plus difficile de trouver un abbé qu'un cuisinier ! » Parfois, si j'avais un peu de temps, je le regardais préparer le repas avec amour. Dans cette cuisine où mijotait une bonne partie de notre réconfort, j'aimais moi aussi, tôt le matin, préparer le petit déjeuner pour mes frères. Seul, j'imitais la valse qu'aimaient danser mes parents et je fredonnais une hymne à voix basse, en tournoyant

dans la pièce, balançant doucement la tête d'un côté, puis de l'autre. C'est ainsi qu'une idée m'est venue pour désarmer la violence. Cette idée, je n'en avais jamais parlé à personne jusqu'à aujourd'hui. Pas même à Luc ou à Christian. Ce projet était tout intérieur. Si les terroristes surgissaient avec pistolets et mitraillettes alors que nous nous trouvions réunis à la chapelle ou au réfectoire, j'avais prévu d'improviser une valse solitaire sous leurs yeux. J'espérais par là les surprendre et leur montrer que nous n'avions pas peur. Cette occasion ne m'a pas été donnée...

INTERMÈDE 2

À Midelt, les « sœurs Luc » du Maroc soignent les Berbères jusqu'à 3 500 mètres d'altitude

« Tatiouine : 8 kilomètres ». À la vision du panneau, le chauffeur a donné un brusque coup de volant à gauche. Il engage son petit taxi rouge à bout de souffle sur une route défoncée, ouverte au milieu de longues étendues caillouteuses. Nous allons passer la journée en montagne, à la rencontre des sœurs franciscaines. Le véhicule brinquebalant fait route vers la muraille du djebel Ayachi, point culminant du Haut Atlas marocain oriental, à 3 735 mètres. L'homme moustachu slalome, sûr de lui, entre les nids-de-poule. Secousses incessantes, coups de frein, grincement du tableau de bord... Les cardans claquent mais semblent tenir bon. Il peste : « Mon frère, je te jure : ça fait dix ans que je roule sur ce chemin, et dix ans que c'est pareil. On attend toujours le goudron. Quand il pleut, ça emporte tout et ça creuse de gros trous. Et toi quand tu passes après, ça te casse tout. Une fois, ça m'a fait sortir les phares de devant. Maintenant, je suis obligé de mettre un bout de Scotch pour qu'ils tiennent. »
Soudain, il se tait pour se faire minuscule. Nous croisons en sens inverse un « grand taxi » – une Mercedes grise antédiluvienne qui redescend de la montagne, chargée comme une mule. Des regards inquisiteurs se portent dans notre direction. Notre conducteur baisse la tête

pour ne pas être reconnu. « J'espère qu'on ne tombera pas sur la gendarmerie, sinon c'est l'amende. Normalement, je n'ai pas le droit de faire ces voyages ; je dois rester dans la ville de Midelt. Pour aller ailleurs, il faut payer une vignette, très chère. Je prends le risque pour vivre mieux. Je gagne à peu près 50 dirhams (4,50 euros) par jour et j'ai un petit jardin avec des légumes. C'est tout. »

Sans relâcher son attention, il parle de sa vie dans la région mais ne s'en lamente pas. « Il n'y a pas beaucoup de travail, en dehors de la récolte des pommes, l'été. Mais ça ira mieux, *inch'Allah*. Et heureusement, les sœurs, elles aident beaucoup les gens ! » Cette fois, ce ne sont plus les cardans de la voiture, mais les tympans des passagers qui se mettent à claquer. À 1 700 mètres d'altitude, le taxi vient de franchir, au ralenti, le cours d'un oued, pour s'élever sur un chemin qui serpente sur les flancs escarpés d'une vallée. Les collines arrondies sont parsemées de petits points de couleur crème et de milliers d'autres, de couleur noire, comme des coups de pochoir sur un paysage ocre : des troupeaux de moutons en quête d'herbe se promènent au milieu des arbustes de romarin. Quelques cultures en terrasses dessinent des stries sur les coteaux et, déjà, les premières habitations en pisé sont en vue. Hommes et femmes, enveloppées dans des tenues colorées, adressent au loin des signes de la main, devant leurs façades peintes de signes berbères.

Après une demi-heure de route, nous sommes à Tatiouine. À près de 2 000 mètres, il gèle mais la neige est peu abondante, sauf sur les sommets. En ce début du mois de février 2012, les sœurs franciscaines nous attendent, souriantes, devant leur toute petite maison. L'air glacial brûle presque les poumons. « Rentrez vite au chaud ! » La Française Marie Vaillé, 84 ans, et la Polonaise Barbara Kolodziejczyk, 56 ans, gardent leur bonnet en laine et leur polaire dans la pièce aux murs blanchis à la chaux. Elles ne portent ni habits religieux ni pendentifs apparents autour du cou. Presque rien ne distingue ces religieuses catholiques de la population – exclusivement musulmane –, dans ce village de 235 nomades berbères, plus ou moins sédentarisés – certains gardent leurs tentes, plus haut, jusqu'à 3 500 mètres d'altitude. Au bout du monde, dans des conditions rudes, l'infirmière Barbara et l'institutrice Marie soignent les corps et les âmes, à la manière de frère Luc, en son temps, en Algérie. L'esprit de Tatiouine, comme un esprit de Tibhirine. « La montagne nous rapproche de Dieu et nous allons tous ensemble vers le même but par des moyens différents », s'enthousiasme Barbara, native de Vadovice, en Pologne, où elle a connu le « futur » Jean Paul II.

Elles sont installées là depuis une dizaine d'années, humbles héritières de sœur Cécile Prouvost. À partir de 1970, cette religieuse originaire de la région lilloise était venue vivre avec les nomades, sous la tente, avant d'être rejointe, peu à peu, par une ou deux de ses dévouées coreligionnaires. « Nomade avec les nomades », l'infirmière se vêtait d'un burnous masculin en se promenant avec de grandes sandales, même en plein hiver. Pas la moindre once de prosélytisme dans cette démarche mais la simple volonté de vivre l'Évangile en actes, jusqu'à sa mort, en 1983 – Rome

ne reconnaîtra sa fraternité que la veille de son rappel à Dieu.
Dans la pièce à vivre, Barbara est allée chercher le petit manuel de phytothérapie que sœur Cécile avait réalisé. Une longue liste de plantes endémiques et de leurs effets bénéfiques, enrichie jour après jour. « Ce livret nous sert toujours et on apprend encore des choses en le lisant. Les maladies les plus fréquentes ici, ce sont les bronchites l'hiver et les gastro-entérites l'été ; on les soigne avec des moyens simples et des médicaments de notre fabrication : liqueur d'ail pour les infections respiratoires, sirop d'eucalyptus pour les sinusites… Il y a des cas plus graves, comme les éclats de bois dans l'œil, quand les hommes fendent les troncs d'arbres : là, nous utilisons des antibiotiques et on essaie de se débrouiller pour trouver des places à l'hôpital à Rabat ou pour les envoyer chez le médecin à Midelt. » Lorsque l'électricité est arrivée au village, début 2009, de nouvelles pathologies ont fait leur apparition. « Ils ont tous pris des crédits pour acheter des antennes paraboliques ! Ils regardaient la télévision des dizaines d'heures par jour et frappaient à notre porte parce qu'ils avaient des maux de tête épouvantables. Puis ça s'est calmé : ils se sont détournés de la télé. »
Pendant ses journées, Barbara se fait aider par un jeune infirmier marocain – il est rémunéré au petit bonheur la chance, grâce aux dons adressés aux religieuses. Les consultations au dispensaire créé par les sœurs sont lourdes. Les soins, gratuits, attirent de nombreux patients. Et les Berbères viennent parfois de très loin, recherchant pour certains uniquement une oreille attentive. Comme ce jeune homme de 21 ans au regard

paniqué. « Son père venait de mourir, subitement, et il se retrouvait chef de famille, sans y être préparé. Sa détresse était telle qu'il a fait 80 kilomètres à pied, de son village, pour venir nous voir. Nous avons pu l'orienter vers un médecin », raconte Barbara.
Les voyages se font dans les deux sens. Deux fois par mois, du printemps à l'automne, c'est elle qui, accompagnée de Marie, part, à pied, à la rencontre des nomades isolés, dans les hauteurs enneigées de l'Atlas. Chérif, un habitant de Tatiouine, leur sert de guide et de traducteur pour les détails – les sœurs se débrouillent cependant en langue berbère. Sous le chéchia bleu indigo, le regard de l'homme se fait admiratif. « D'avril à octobre, je monte avec elles jusqu'à 3 500 mètres d'altitude. On emporte des médicaments. Quelquefois, on se lève à 3 heures du matin pour revenir vingt-quatre heures plus tard. C'est une ascension longue et difficile. Marie ne se plaint jamais. Je crois bien qu'elle a plus de 80 ans. Elle marche dans cette montagne, et voilà ! C'est quelque chose ! Seul Dieu peut expliquer cela. » Il ajoute : « J'ai du respect. Si elles n'étaient pas là, les *marabouya**, la vie serait difficile. Elles font tout ce que l'État ne peut pas faire. Elles soignent, mais aussi elles aident nos enfants pour l'école et pour bien d'autres choses. » Une coopérative a été fondée pour fabriquer et vendre des tapis berbères. Une autre, pour le miel.
À Tatiouine, Marie s'occupe du jardin d'enfants. Un lieu dans lequel elle prépare ces tout-petits au grand saut

* Nom donné par les habitants de la région aux sœurs, considérées comme des saintes musulmanes.

vers l'école primaire. Coloriage, peinture, déchiffrage des lettres arabes : « Le berbère est reconnu comme deuxième langue et des classes en langue berbère ont été ouvertes dans les grandes villes. Mais ici, dans la petite école, les instituteurs, qui viennent quand la route n'est pas coupée par l'oued, ne savent le plus souvent que l'arabe. Donc, c'est très compliqué. »

Puisque « rien n'est impossible à Dieu », ces religieuses gardent toujours espoir pour demain. Chaque jour, elles prient dans le discret oratoire aménagé à l'arrière de leur maison – sœur Dominique Egon avait accroché au mur une cordelette formant le mot d'Allah. Le réconfort est tout autant puisé dans la joie de relations simples avec les habitants. « On ne fait pas de choses extraordinaires », assurent Barbara et Marie. Les anecdotes qu'elles rapportent sont pourtant tout sauf banales. Marie se souvient : « Il y a quelques années, un nomade était venu voir. Il nous disait qu'il avait honte parce qu'il était né dans une grotte, comme une chèvre ; sa mère avait dû accoucher précipitamment alors qu'elle se trouvait en train de travailler aux champs. Nous lui avons raconté l'histoire de Sidna Issa, c'est-à-dire de Jésus, qui est reconnu comme un prophète par le Coran. Lorsque nous lui avons dit que Jésus était né dans une grotte, alors nous avons vu son visage s'éclairer. On l'a senti soulagé d'un gros poids sur les épaules. Et il était heureux de dire : "Je suis né dans une grotte comme Sidi Assou", le terme berbère pour Sidna Issa. »

En octobre 2011, Barbara a eu l'idée d'organiser un partage avec celles des femmes qui le souhaitaient, à l'occasion du 25e anniversaire de la Journée mondiale de prière pour la paix. C'est encore Marie qui raconte. « Les femmes ont chanté pour la paix, en berbère. Elles ont récité la Fatiha, première sourate du Coran. Nous avons prié de notre côté. Puis on s'est donné la paix. Dans le groupe des femmes, il y avait une jeune mère célibataire : elle avait été abandonnée par le père qui ne reconnaissait pas l'enfant. Un conflit très dur. Elle s'est levée à la fin de la prière pour aller vers sa "belle-mère" qui refusait de lui parler. Et la jeune mère célibataire l'a embrassée sur la tête en lui demandant pardon, avant d'aller se rasseoir. À son tour, la belle-mère s'est levée pour lui dire : "Je te pardonne." » Un symbole d'autant plus fort que le problème des mères célibataires subsiste au Maroc, même si le royaume déploie d'énormes efforts pour le régler, en soutenant activement la création de coopératives pour donner du travail à ces femmes parfois rejetées par leurs familles – parce qu'elles ont accouché hors mariage ou parce qu'elles ont été violées (elles ont désormais le droit de transmettre leur nom à leur enfant). Lors de l'un de nos précédents séjours en août 2011 dans la région, une mère de Midelt avait délivré une tisane abortive à sa fille, dont elle redoutait qu'elle ne soit tombée enceinte à la suite d'un viol. « Elle a utilisé des plantes de la montagne et le lendemain, sa fille était morte », nous avait rapporté une Marocaine qui accompagne certaines mères célibataires. À Tatiouine, de tels drames ne sont fort heureusement jamais arrivés.

Malgré la dureté de la vie, les bonnes nouvelles abondent. La présence, à 15 kilomètres, du monastère Notre-Dame de l'Atlas, où vit le frère Jean-Pierre

Schumacher, dernier rescapé de Tibhirine, permet de soutenir indirectement l'œuvre des sœurs. Tibhirine constitue pour elles une source d'inspiration parmi d'autres. Barbara : « Nous ne sommes plus que deux à Tatiouine. Notre provinciale du Maroc, Montserrat Simon, est partie l'an dernier après avoir été appelée pour devenir provinciale en Algérie, Libye et Tunisie. Alors, en août 2011, nous sommes allées faire une neuvaine au monastère. Jean-Pierre Schumacher nous avait dit : "Prie frère Luc, tu auras la réponse." Et frère Luc nous a inspirées. La réponse a été de créer une fraternité avec nos six sœurs franciscaines de Midelt, elles aussi infirmières ou enseignantes. Ainsi, nous restons maintenant la semaine à Tatiouine, puis nous les rejoignons le week-end à Midelt, pour des temps forts de partage. C'est un ressourcement important. »

Le soutien est aussi « matériel ». Aux retraitants toujours plus nombreux à venir au monastère, le frère hôtelier José Luis Navarro conseille souvent la visite à Tatiouine, qu'il aime lui-même rejoindre à pied. De mois en mois, et en petite partie grâce au film de Xavier Beauvois *Des hommes et des dieux*, les dons versés par les visiteurs ont permis aux sœurs de faire construire un nouveau jardin d'enfants.

Jusqu'à sa mort, en 2008, l'autre rescapé de Tibhirine, père Amédée, faisait fréquemment l'ascension jusqu'au village berbère, comme l'atteste cette photo accrochée dans le salon de la maison des sœurs. « C'était quelqu'un d'extraordinaire, plein de vie, et qui nous faisait du bien », se remémorent les religieuses, aujourd'hui liées, entre autres, à un neveu de frère Luc. « Quand je suis venu à Tatiouine pour la première fois en 2000, se sou-

vient Pierre Laurent, joint à notre retour en France, ça a été un choc. Le village était d'une grande pauvreté. Il n'y avait pas encore l'électricité. J'ai découvert ces sœurs qui vivaient simplement, au milieu de la population, et qui partageaient tout avec elle dans une proximité considérable. Je retrouvais là un peu de ce qu'avait pu vivre mon oncle en Algérie. »
À Tatiouine, le soleil a disparu derrière le djebel Ayachi. Demain, d'autres rencontres attendent les sœurs. Pour nous, il est temps de reprendre la route de Midelt. Une tempête de neige s'annonce peut-être pour la nuit. Dehors, le chauffeur de taxi est fidèle au rendez-vous. « Alors ? Tu as pu parler avec les *marabouya* ? » demande-t-il. « Tu vois, elles font le bien. Ce serait plus dur sans elles. Qu'elles soient d'une autre religion, ce n'est pas grave. Au Maroc, on est accueillants. Ce qui compte, c'est ce que tu as dans le cœur, et ce que ton cœur donne. »

CHAPITRE 3

Au monastère de Midelt, heure après heure

Notre éveil à Dieu commence au cœur de la nuit. Lever chaque matin à 3 h 20 ! De la fenêtre de ma cellule, l'ombre des sommets du Haut Atlas se devine sous un ciel scintillant. À 10 kilomètres à peine, la montagne apparaît, massive, derrière une longue rangée de peupliers plantée à l'intérieur du jardin du monastère. J'aime poser mon regard encore embué sur ces arbres élancés, dont la cime balance d'un côté, puis de l'autre. Les bourrasques font parfois naître entre les feuilles des sifflements interdisant à quiconque en aurait la tentation de replonger dans le sommeil. Je songe aux paroles d'Omar, notre ami musulman qui entretient nos bâtiments : « Midelt est le pays du vent. » Ces peupliers m'évoquent toujours ceux de Buding, le village de mon enfance, en Moselle. Il m'arrive de penser qu'ils sont aussi souples face aux variations du vent que nous devons nous efforcer d'être dociles à la conduite de l'Esprit-Saint. N'est-ce pas saint Bernard qui disait beaucoup apprendre de la contemplation des arbres ? J'étais un adolescent passionné de meunerie qui préférait s'activer au moulin familial la nuit, à partir de 2 heures du matin, plutôt qu'en pleine journée. Je suis devenu, il y a cinquante-cinq ans déjà, un moine trappiste que l'obligation de se lever très tôt n'a jamais mis de mauvaise humeur. De ma vie, je n'ai pas le souvenir d'avoir connu quelque grasse matinée que ce soit. Ce « privilège » ne me manque pas le moins du monde. Je suis, parmi tant d'autres humbles serviteurs du Christ, élève d'une école communautaire d'apprentissage de Dieu, belle et exigeante : l'Ordre cistercien de la stricte observance, dont les moines sont communément appelés trappistes. Et je m'y suis toujours senti profondément heureux, en dépit des rudes épreuves parfois traversées en Algérie.

Douze ans de présence au monastère Notre-Dame de l'Atlas de Midelt, au Maroc, n'ont rien changé à mes habitudes – ou si peu. Ici, à 1 500 mètres d'altitude, au plus près des cieux, j'observe un rituel immuable avec mes deux frères, le père Jean-Pierre Flachaire, notre prieur drômois âgé de 61 ans, et le frère José Luis Navarro, notre hôtelier espagnol âgé de 64 ans, prêté par l'abbaye Santa Maria de Huerta. Chaque jour, nous devons organiser sept offices à la chapelle. Le rituel est le même que celui que j'avais connu dès le début de mon engagement monastique à l'abbaye de Timadeuc, en Bretagne, puis au prieuré de Tibhirine, en Algérie. Il est commun à tous les moines cisterciens et à bien d'autres religieux cloîtrés. C'est la règle de saint Benoît, rédigée au VIe siècle de notre ère par Benoît de Nursie, qui en fixe le déroulement, regroupé sous le terme de liturgie des heures*.

« Ora et labora », énonce la formule bénédictine, non

* Les citations de la règle de saint Benoît utilisées dans cet ouvrage sont extraites de l'édition publiée en 2011 par l'abbaye de Bellefontaine (coll. « La Tradition, source de vie »).

contenue dans cette règle, mais qui s'est imposée comme une tradition et nous tient lieu de Tables de la Loi : « Prie et travaille. » Le travail remplit le reste de nos journées. Sans cet équilibre entre prière et travail, les nerfs risqueraient d'être soumis à rude épreuve. Ces deux activités ne s'opposent pas. Travailler en communauté, c'est aussi contribuer, de modeste manière, à l'expansion du Royaume de Dieu. La répétition quotidienne des tâches est notre guide sur le chemin de l'espérance. Elle exprime notre serment de fidélité au Seigneur. Il ne faut pas se figurer une vie passive, voire monotone. Que ce soit au Maroc, dans cet unique monastère cistercien masculin en Afrique du Nord, ou partout ailleurs dans le monde, la même énergie spirituelle est à l'œuvre. Un moine trappiste ne reste pas enfermé dans sa cellule, les mains jointes, à ne rien faire d'autre que prier. Nous avons tellement d'occupations – et sommes si peu nombreux : trois frères, parfois quatre – que nous ne cessons de courir derrière le temps ! La retraite n'est pas pour nous. Elle l'est d'autant moins que nous recevons beaucoup de visites, certaines prévues, d'autres non.

À 88 ans – mon âge au moment de livrer ce témoignage –, le déroulement de mes journées est en tout point identique à celui de mes frères, à ceci près que nous accomplissons des tâches différentes mais complémentaires en dehors des temps de prière. La particularité de notre implantation en terre musulmane conduit aussi à modifier, à la marge, quelques règles de fonctionnement habituelles. Sans cela, notre présence ne serait pas tenable.

Quand sonne mon réveil, à 3 h 20 du matin, il me

faut fournir, je le confesse, un tout petit effort pour me lever (il est fréquent que je veille tard, pour lire ou traiter du courrier en retard). Mais je suis très vite prêt pour accomplir ma toilette et faire mon lit, avant de rejoindre la chapelle. Frais et dispos, la voix déjà chauffée, j'ai enfilé ma coule (robe monacale) de Tibhirine de couleur crème par-dessus mon habit cistercien noir et blanc. Frère José Luis agite le glas de la cloche, dans le couloir. Le père Jean-Pierre Flachaire est sorti de sa cellule, voisine de la mienne. Je dors dans la chambre numéro 5 et mon nom est inscrit sur la porte, comme pour mes frères. Mais c'est bien le seul endroit du monastère où apparaissent nos patronymes. Ici, nous devons nous mettre en retrait devant Dieu. Il n'est pas de lieu, dans la clôture monastique, qui ne nous relie au sacré. En quittant nos cellules, nous passons devant une statue blanche de la Vierge à l'Enfant. Elle se trouve au centre du jardin du cloître, tout environnée de roses. Nos pas glissent sur le sol à damier noir et blanc. Nous rejoignent aussi, selon les jours et les périodes de l'année, des prêtres ou laïcs de passage, des retraitants européens, et, plus tard en matinée, les sœurs franciscaines de Marie qui résident dans le voisinage. Quatre heures du matin est le moment de vigiles, le tout premier des offices, peut-être celui qui me comble le plus de joie par sa signification profonde et par l'instant où il se déroule. La symbolique en est si belle ! Se lever tôt, non point pour s'infliger quelque souffrance au nom de je ne sais quel dolorisme, mais bien pour se mettre dans la disposition d'attendre, avec félicité, la fin des temps et la nouvelle venue du Messie. Comme moines, nous représentons auprès de Dieu la famille humaine qui dort encore autour de nous, dans le silence. C'est alors que peut commencer le temps de la louange nocturne à la chapelle. Nous chantons en général six psaumes en langue française mais jamais d'une seule traite. Entre chaque pièce de chant, s'intercalent des lectures, passages de l'Écriture sainte (Ancien et Nouveau Testament) et vie du saint du jour. J'aime cette atmosphère si particulière et enveloppante. J'ai plaisir à me rappeler la douceur des notes de la cithare de notre frère Godefroy, venu partager la vie de notre communauté au cours de l'année 2011, jusqu'à son ordination à l'abbaye d'Aiguebelle. Rien ne vient nous perturber dans notre recueillement. La nature est calme et ce silence qui nous entoure permet de se sentir encore plus à l'écoute de Dieu. C'est d'ailleurs, jusqu'à 7 h 15 environ, le temps du « grand silence » : il est interdit de se parler, sauf pour un motif grave ou si nous avons une chose particulière à faire savoir à l'un d'entre nous ou à nos hôtes (comme pour leur dire de se taire, car il se peut que certains omettent de suivre cette recommandation). Cette ambiance n'a rien d'austère : au contraire, nous nous comprenons entre frères par de simples gestes ou d'un simple regard. Au bout de plusieurs années de vie communautaire, nous finissons par assez bien nous connaître. Chacun sait ce qu'il a à faire et il le fait avec dévouement.

En sortant de l'office de vigiles, vers 4 h 30, il est un autre rituel que j'aime accomplir en dehors des heures monastiques. Pour avoir grandi à la campagne, j'ai toujours été sensible, comme saint François d'Assise, à la beauté de la nature qui est l'expression du mystère divin, et qui doit être, en cela, infiniment respectée. Alors, je regarde par une fenêtre du monastère si Vénus – l'étoile du Berger, ma préférée – peut être aperçue au-dehors. Et si par bonheur la planète lumineuse scintille à l'ouest, je me hâte de sortir dans la cour pour la contempler, parfois pendant un quart d'heure. C'est comme une icône du mystère de Marie qui annonce la venue du Messie, en parfaite résonance avec vigiles. Vénus rappelle la Vierge qui avance dans la nuit des hommes en criant : « Il n'est pas loin ! » J'y suis d'autant plus attaché que Marie est une figure dont je me sens très proche depuis mon passage par le séminaire des Pères maristes, près de Lyon, où j'avais été ordonné prêtre de l'Église catholique, en 1953. L'étoile du Berger nous relie les uns aux autres et incarne à mes yeux tout le mystère de l'Église envoyée parmi les hommes pour faire connaître la Bonne Nouvelle. Quand, à certaines saisons, Vénus n'est pas visible tôt le matin ou en début de soirée, je m'ennuie un peu... Mais si Vénus vient à jouer trop longtemps à cache-cache, il me reste la consolation de l'infini. J'ai toujours aimé les étoiles. À la différence du philosophe, « le silence éternel de ces espaces infinis » ne m'effraie pas. Ainsi, chaque matin si le temps le permet, c'est comme si j'ouvrais l'Ancien Testament, puis le Nouveau, après avoir clos l'office de vigiles. N'est-ce pas Dieu qui promettait à Abraham une descendance « aussi nombreuse que les étoiles du ciel et que le sable qui est sur le bord de la mer » (Genèse 22,17) ? Oui, une descendance nombreuse peut être espérée pour l'Église ! La vision matinale de ces masses immenses qui volent dans l'espace me porte à la rêverie. Des savants affirment que l'univers est en expansion. Je m'interroge : « Comment est-il possible que le Système solaire se déplace à une vitesse de 70 000 kilomètres par heure dans la galaxie ? » La réponse ne peut tenir qu'en un seul mot : « Dieu ». Dieu seul a pu créer cette immensité en mouvement. Mais dans ma contemplation, naissent d'autres questions encore, sans fin. Comment a-t-Il fait et comment fait-Il pour créer de telles choses, si grandes ? C'est Son mystère. C'est aussi celui des hommes. Face aux étoiles, je pense souvent à notre petitesse qui se croit grande et je me dis : « La Terre est comme un bateau qui vogue au milieu de l'infini. Nous sommes tous sur cette barque. Alors pourquoi se battre entre nous ? » Il m'a plu d'apprendre récemment que bon nombre d'astres, comme ceux de la constellation d'Orion (Bételgeuse, Aldébaran ou Rigel), portent des noms d'origine arabe. À 5 heures, résonnent les premiers appels des muezzins, dans les mosquées proches de notre monastère. Nos prières s'entrecroisent. À chacune de ces observations, le ciel invite au partage, à l'humilité et à une espérance renouvelée...

Peu après 7 heures, le monastère émerge du « grand silence ». La petite chouette chevêche qui nous tient compagnie – elle loge dans la cavité d'un mur extérieur – s'est mise à émettre ses sifflements allongés dès le lever du soleil : en hiver, la voici qui réchauffe son plumage sur le toit, la tête tournée vers les sommets enneigés de l'Atlas. Puis les deux ou trois employés du monastère – parfois plus, selon les chantiers en cours – font leur arrivée. *« Salam Aleikum ! Labess ? »* (« La paix soit sur vous ! Comment allez-vous ? ») Chaque matin, la voix souriante de Ba'ha, notre cuisinière berbère, me tire de mes flâneries. Elle se présente autour de

8 heures dans une gandoura aux tissus multicolores et vient toujours s'enquérir de notre santé avant de se mettre au travail. Après avoir porté les doigts à sa bouche et les avoir embrassés en signe de bénédiction, elle rejoint les fourneaux pour commencer à préparer les repas de midi et du soir, en échangeant avec José Luis, dans un sabir qu'ils sont seuls à comprendre. Un mélange de quelques mots berbères, arabes, français et espagnols, aussi savoureux que peuvent l'être les soupes de lentilles, les gratins d'aubergines, les tortillas (omelettes) ou les tajines de légumes qu'ils nous préparent (seulement le vendredi pour les tajines), à nous et à nos hôtes.

Quand Ba'ha est arrivée, nous avons déjà pris notre petit déjeuner, à 6 heures. J'ai fait quelques tours du cloître pour me dégourdir les jambes en égrenant le chapelet : c'est mon seul véritable exercice physique de la journée. Il ne m'est pas possible d'aller marcher dans le jardin – ce que je regrette – car mon travail de portier m'oblige à rester à l'intérieur pour répondre à tout moment au téléphone et à la sonnerie du portail, si un visiteur se présente à l'entrée. Auparavant, chacun d'entre nous venait de passer, entre 4 h 30 et 6 heures du matin, un long moment au scriptorium pour la *Lectio divina*. Un temps à l'écoute de la Parole de Dieu, dans le silence absolu. Une présence communautaire avec Lui. Nous méditons, assis à nos bureaux respectifs, des textes de l'Écriture sainte. Chacun est libre de lire – toujours en silence – les passages qu'il souhaite. C'est à ces instants où, parfois, nous entendons des signes de la présence de père Amédée, l'autre survivant du drame de Tibhirine, qui nous a quittés en

2008. J'utilise ce temps de recueillement pour préparer la messe avec eucharistie du lendemain, à tour de rôle avec le père Jean-Pierre Flachaire. Une succession d'offices s'enchaîne jusqu'à midi. Comme je suis sacristain, je m'extrais du scriptorium pour préparer les habits et les chants pour l'office de « laudes » avec eucharistie, à 7 h 15. À laudes, nous louons ensemble l'arrivée du Seigneur, jusqu'à 8 heures. Puis chacun retourne à ses occupations : pour ma part, je suis chargé aussi de la comptabilité du monastère, ce qui inclut le règlement des factures. J'en profite aussi pour commencer à répondre à l'abondant courrier postal que je reçois et pour relever ma boîte mail. Une entorse à la règle de saint Benoît, car nous ne sommes pas censés, en théorie, nous laisser distraire par des sollicitations extérieures de ce genre. Notre faible nombre et les liens multiples engendrés par l'histoire de Tibhirine expliquent que nous soyons amenés à nous écarter un peu d'une certaine orthodoxie, tout en restant fidèle à notre engagement.
Un nouvel office, le troisième de la journée, a lieu à 8 h 45 : celui de tierce, consacré à l'Esprit-Saint. Et, de nouveau, chacun se remet à son travail après ce temps de prière d'un quart d'heure. Il n'y a pas ici de travaux des champs ni d'élevage, car nous serions trop peu nombreux pour assumer une telle charge : nous nous contentons de récolter les pommes du verger pour les vendre sur le marché ou les servir à nos hôtes, la pomme de Midelt étant une variété savoureuse et appréciée, au point de constituer l'un des emblèmes de la ville. L'accueil des retraitants et des

touristes constitue la principale de notre activité et l'essentiel de nos ressources.

En matinée, le père Jean-Pierre Flachaire, notre prieur et commissionnaire, monte dans notre Renault Kangoo beige pour aller faire les courses, le plus souvent seul, sur le marché de Midelt. Il en profite pour collecter notre courrier à la boîte postale et échanger avec les habitants, lorsque l'occasion se présente. Il ne parle jamais de religion, car l'islam est la religion d'État, et l'accord signé entre Hassan II et le pape Jean Paul II autorise notre présence monastique et celle d'autres chrétiens étrangers, à condition de s'abstenir de tout prosélytisme. Notre monastère est situé en rase campagne, près de l'ancienne kasbah des juifs, dans le quartier de Taakit. Mais le centre de Midelt n'est qu'à 2 kilomètres. Malgré ses 40 000 habitants, la ville ressemble plutôt à une bourgade car elle est très étendue et les bâtiments y sont peu élevés. Mais les chantiers (nouvel hôpital, nouvelle gare routière…) se multiplient depuis que le roi en a fait, en 2010, la capitale d'une nouvelle province.

Pour ma part, je ne vais jamais en ville, sauf pour des rendez-vous chez le médecin. Ce n'est pas une question de fatigue. Nous sommes des moines contemplatifs : ne doivent sortir que ceux qui ont des raisons de le faire, en fonction des tâches confiées à chacun par le prieur. Les très rares fois où je suis amené à quitter les lieux avec mes frères correspondent à la période du ramadan : des voisins nous convient chaque année à la rupture du jeûne, à la tombée de la nuit. Si des amis musulmans sont frappés par un deuil, nous sommes généralement invités à assister aux enterrements. Je

ne rentre jamais en France – à Tibhirine, cela m'était arrivé de très rares fois, pour les obsèques de mes parents et pour un problème de santé.
En fin de matinée, frère José Luis, lui, s'occupe de l'accueil des hôtes et continue de préparer les repas avec Ba'ha, tout en gérant les demandes diverses adressées au monastère par courrier ou par mail. Parfois invité à témoigner à l'étranger de notre expérience à Midelt, il doit aussi trouver le temps de préparer ses interventions. Quant à moi, je ne cesse d'être sollicité, et il en va de même l'après-midi. Comme je l'ai déjà expliqué, les retraitants ou des touristes de passage aiment que je leur fasse visiter la chapelle du souvenir, où sont exposés les portraits de nos frères disparus, peints par un ami algérien. D'autres éprouvent le besoin de se confier à l'occasion d'un entretien spirituel.
Il est parfois difficile, cependant, d'arriver à satisfaire tout le monde. Car, à 10 h 30, les ouvriers musulmans de notre monastère – qui entretiennent les bâtiments, en aménagent de nouveaux pour l'accueil des pèlerins et s'occupent des pommiers du verger – viennent nous tirer par la manche pour la cérémonie du thé. Un rituel auquel il est impossible de se dérober, sans risquer de les fâcher ! Nous leur avons donné la possibilité d'aménager un petit salon dans un bâtiment en pisé attenant à l'hôtellerie. Quand ils font une pause dans leur travail, nous nous retrouvons avec eux et tous mes frères, pour un quart d'heure de convivialité, renouvelé en milieu d'après-midi. Cette occupation n'a rien de strictement monastique – elle nous éloigne du silence qui nous est recommandé, autant que faire se peut, par la règle de saint Benoît – mais elle est nécessaire : il ne

serait pas compris que nous refusions cette invitation. Ces échanges, simples et humains, nous apportent beaucoup de réconfort et nous enrichissent mutuellement, sans nous couper de la liturgie des heures. Nos amis musulmans évoquent souvent entre eux leur amour profond d'Allah, et c'est pour nous un encouragement redoublé à la prière.

L'office de sexte, à 12 h 45, précédé de la sonnerie de l'Angélus, symbolise d'ailleurs ce retour à Dieu. Nous pourrions le dire de l'ensemble des sept offices de la journée, qui ont pour but de nous retirer de nos occupations pour nous ramener ensemble à Lui et ne jamais L'oublier. Sexte est étincelant et d'une grande intensité. Les hymnes chantées célèbrent l'heure de midi, celle de la pleine lumière, où le soleil est à son zénith.

Cette rencontre avec Dieu ne cesse pas durant le déjeuner, pris en commun au réfectoire – les hôtes, en revanche, disposent d'une salle à part. Dans la règle de saint Benoît, le repas, qui fait l'objet d'une bénédiction, est conçu comme un prolongement de l'eucharistie et du partage avec le Seigneur. Aussi est-il important de ne pas se laisser « absorber » par la nourriture, qui doit être consommée en quantité raisonnable. Pour conserver ce lien avec la spiritualité dans le respect de la règle, l'un d'entre nous s'installe à une petite table voisine de la table à manger pour faire une lecture à voix haute, et cela à chaque repas – il se restaure après les autres, qui restent obligatoirement silencieux.

Le lecteur commence par un passage de la règle. Nous sommes très attachés au chapitre VII sur l'humilité. Il s'ouvre par cette parole : « Frères, la sainte Bible nous dit avec force : "L'homme qui s'élève sera abaissé et celui qui s'abaisse sera élevé" » (Luc, 14,11). Cette même règle réapprise sans fin nous enseigne que nous devons « fuir l'oubli » de ce que Dieu commande. Après ce court extrait, le lecteur du jour continue avec un livre aisément compréhensible. Le contenu de l'ouvrage choisi par le prieur ne doit pas être nécessairement religieux. Mais nous devons toujours écouter cette lecture comme étant la Parole de Dieu. Les biographies se prêtent bien à cet exercice : ainsi avons-nous lu, en cette année 2012, celle du pape Benoît XVI, par son frère Georg, ou, l'année précédente, celle de frère Luc, par Christophe Henning et dom Thomas Georgeon. Je pourrais citer aussi cette histoire des Petites Sœurs de Jésus au Maroc, *Confession d'un cardinal*, d'Olivier Legendre, ou encore le diaire du monastère de Tibhirine et de l'ancienne annexe de Fès.

Trois autres offices, signalés par des coups de cloche à l'intérieur du couloir, ont encore lieu l'après-midi, après une sieste réparatrice à la sortie du déjeuner. Leurs horaires diffèrent en été et en hiver, pour tenir compte de la longueur variable des jours. None, qui se déroule vers 15 heures (14 h 45 en hiver ; 15 h 30 en été), est un moyen de se préparer au travail qui reste à accomplir. C'est l'offrande d'une journée de labeur au Seigneur afin de faire croître Son Royaume. Puis les vêpres, aux alentours de 18 heures (18 heures en hiver ; 18 h 30 en été), sont davantage tournées vers la supplication. Comme à none, nous y effectuons à haute voix des prières litaniques (pour la paix, pour aider ceux qui souffrent...), en suivant les intentions remises par nos hôtes. Il peut s'agir des nôtres. Ces mêmes hôtes ont parfois des témoignages particuliers à nous délivrer. Le prieur peut alors juger utile de nous réunir dans la salle du chapitre (assemblée de la communauté) pour les écouter, et échanger avec eux. Il en va ainsi lorsque nous recevons par exemple la visite de membres de certaines familles des moines de Tibhirine. Le dernier office après le dîner est celui de complies, en début de soirée (20 heures en hiver ; 20 h 30 en été). C'est comme une prière du soir, qui se termine par le *Salve Regina* dédié à la Vierge Marie, et si bien chanté dans le film de Xavier Beauvois, *Des hommes et des dieux*. La Sainte Vierge m'accompagne jusqu'à l'extinction des feux, après 20 h 30. Elle nous regarde du ciel : avant d'aller me coucher, et si le cycle des planètes est favorable, je contemple sa messagère Vénus, l'étoile du Berger…

INTERMÈDE 3

À Midelt, les moines se fondent dans le paysage de l'Atlas

Le gazouillis des rossignols a cessé net. Un retraitant lève le nez de son livre. D'où viennent ces coups de marteau qui résonnent dans la cour intérieure avec la régularité d'un métronome ? Avril 2011 : une divine surprise accueille les hôtes français du monastère Notre-Dame de l'Atlas à Midelt. Un discret clocher est en train de pousser sur le toit de la toute nouvelle chapelle Charles-de-Foucauld. Perchés à trois mètres du sol, deux maçons appliquent les planches du coffrage avec une concentration extrême. « Tu construis le minaret des catholiques ? » plaisante le retraitant. « Ah oui ! Une sorte de minaret ! » éclate de rire Omar Oussna, le chef de chantier.

Beau symbole. C'est lui, un Berbère adepte de l'islam, qui bâtit, à la demande du prieur Jean-Pierre Flachaire, cet édifice emblématique de l'amitié entre catholiques et musulmans : depuis l'été précédent y sont entreposées les reliques du père Albert Peyriguère, ermite mort en 1959 qui passa une bonne partie de sa vie à soigner les populations déshéritées du Moyen Atlas marocain, à El Kbab. « Comme ça, il aura sa zaouïa ! » se réjouit l'artisan, en référence aux sanctuaires musulmans, nombreux dans la région.

Des quatre à cinq ouvriers employés par le monastère,

Omar est, avec la cuisinière Ba'ha, le seul à l'être de manière permanente. Et quand il se met à parler des moines, son regard se teinte de respect. « Jusqu'en 2004, j'étais chez un autre employeur. Mon salaire était le même, mais je travaillais dix heures par jour. Ici, c'est huit heures et les conditions sont meilleures. Je fais de la maçonnerie, je m'occupe des pommiers et je me sens bien parce que les pères, ils sont comme mes frères. Ils ont leur carême et ils font le ramadan avec nous. Quand on les invite pour la fête de l'Aïd, ils viennent. Je vois qu'ils font le bien en donnant de l'argent aux pauvres. Leur religion est différente mais on prie le même Dieu. Tous les gens dans le voisinage les aiment beaucoup. »

Douze ans après son arrivée à Midelt, en mars 2000, la communauté de Notre-Dame de l'Atlas héritière de Tibhirine ne subit pas les heurts parfois violents que peuvent connaître d'autres religieux dans certains pays du Maghreb ou du Moyen-Orient. L'insertion des trois trappistes dans la vie locale est à l'image des bâtiments du monastère, qui se fondent dans le paysage avec leurs façades en pisé et leurs crénelures typiques de l'architecture locale : ils passent presque inaperçus. « L'évêque de Rabat nous avait appris, à l'époque, que les sœurs franciscaines cédaient ce couvent. Elles voulaient s'installer dans une maison plus petite, juste à côté. Il avait prévenu : "Si vous souhaitez une autre implantation, vous mettrez trente ans à vous faire accepter. Là, ce sera bien plus aisé." Nous avons donc choisi Midelt, en sachant que les sœurs y œuvraient depuis 1926. Ce n'était pas par facilité mais dans l'espoir de faire rayonner plus vite le message

de rencontre de l'autre, que nous a légué Tibhirine », témoigne le père Jean-Pierre Flachaire.
Le père Jean-Pierre Schumacher ne voit que des avantages à cette nouvelle implantation. « Après la mort des frères en 1996, l'annexe de Fès avait pris le relais de Tibhirine et j'en avais été nommé le supérieur *ad nutum*. Il y avait là-bas une atmosphère tout à fait monastique qui nous plaisait : c'était comme un semi-ermitage. Mais nous n'avions pas de jardin, ni la possibilité de développer des travaux agricoles, car le bâtiment se trouvait en ville. Nous ne pouvions donc pas envisager l'avenir dans la proximité avec les populations musulmanes comme à Tibhirine. À partir du moment où il n'était plus envisageable de retourner en Algérie, il fallait trouver une autre solution. Ce choix s'est avéré le bon. Nous vivons de très belles choses à Midelt. Les habitants invitent facilement chez eux. Le contact est plus simple que dans la région où nous nous trouvions en Algérie. »
Midelt est réputée accueillante envers les étrangers. Cette ville environnée de ksars (villages berbères fortifiés) avait été créée *ex nihilo* en 1917 sous le protectorat français, entre autres pour y stationner des garnisons et pour y exploiter deux mines de plomb – elles sont aujourd'hui fermées. Jusqu'au milieu des années 1970, de nombreux Français logeaient encore à proximité de l'actuelle résidence du gouverneur régional. Par habitude, les Mideltis continuent d'appeler ce quartier « le petit Paris ». À la terrasse des cafés, des habitants s'étonnent qu'on leur pose la question de l'intégration des moines, qu'ils voient chaque matin ou presque faire leurs courses, au souk, ou prendre un thé à la menthe,

comme les autres, en tenue civile. « Les gens n'ont rien dit lorsque les frères se sont installés : ça n'a rien changé. Il y avait les sœurs et même un curé avec une église qui fonctionnait jusqu'en 2008 », raconte un commerçant marocain. Il ajoute : « Qu'on soit juif, chrétien ou musulman, on est des êtres humains. Leur religion est comme toutes les religions : ils prient de leur côté et n'embêtent personne. Leur célibat ne dérange pas ! »
D'autres sont plus interrogatifs. Mais à Midelt, les différences sont, de manière générale, assez bien acceptées. « Le dernier juif de Midelt s'est éteint il y a quelques années. Il distribuait de la *mahia* [alcool de figues] et il allait faire tranquillement son marché, sans que personne l'embête jamais », se souvient le gérant d'un petit restaurant. Jointe par téléphone en France, une ancienne habitante juive de Midelt nuance ce tableau idyllique, sans toutefois démentir l'impression d'ensemble : « On avait un commerce pas très loin d'une synagogue. On était très bien là-bas. L'entente avec le personnel musulman était bonne. Mais nous avons préféré partir en 1968 : des jeunes se mettaient parfois à nous jeter des cailloux, alors que ça se passait toujours parfaitement avec les anciens. Est-ce que c'était lié à la guerre des Six-Jours déclenchée par Israël en 1967 ? Je ne sais pas… »
Les moines, eux, n'ont eu à affronter qu'une seule fois un incident de ce type, il y a près de dix ans. C'était en plein office à la chapelle. Jean-Pierre Schumacher se souvient : « Il y a eu une giclée de pierres sur le toit. Le prieur est sorti. Il a rattrapé les gosses qui avaient fait ça. Ils se sont fait gronder par les parents qui leur ont dit : "Respectez-les comme de vrais voisins." Ça

s'est arrêté là. » Les relations avec les autorités sont, elles aussi, correctes : le temps est fini où, en 2000, les policiers multipliaient les visites au monastère pour vérifier les papiers des uns et des autres. Une confiance s'est installée. « Au début, on nous demandait parfois ce que nous faisions ici et je répondais : nous sommes priants parmi les priants ; notre monastère sert de lieu de culte et de ressourcement aux chrétiens étrangers de passage, qui séjournent ou qui vivent au Maroc. Personne n'a contesté notre existence. On nous a laissés vivre notre foi », se réjouit Jean-Pierre Flachaire.
Les moines – trois ou quatre, selon les années – se sont mis à suivre le ramadan, en plus du carême, « pour souffrir avec les musulmans ». Ils ont ouvert début 2011 une salle de prière dans l'enceinte du monastère pour les ouvriers – ce qui n'avait pas été fait aussi clairement à Tibhirine. Et continuent, jour après jour, de boire le thé avec eux. « Quand Omar nous avait proposé en 2004 de partager ce rituel, père Amédée (l'autre rescapé de Tibhirine, décédé en 2008) m'avait interrogé : "Est-on obligés d'y aller tous les jours ?" Je lui avais dit : "Si c'est important pour eux, alors c'est important pour nous." En 2002 déjà, lors du jubilé sacerdotal de Jean-Pierre Schumacher, nous avions organisé une grande fête avec les voisins. La participation avait dépassé nos espérances. Gilles Nicolas, l'ancien curé de Médéa en Algérie, nous avait déclaré, ébahi, lors de sa venue : "Vous êtes allés plus loin encore qu'à Tibhirine !" »
Si le travail de reconnaissance mutuelle n'a pas tardé à porter ses fruits, des questions se posent parfois dans l'esprit de certains visiteurs. « Leur statut me fait pen-

ser à la dhimmitude au temps des Ottomans : vous avez le droit d'être là, mais à condition de vous taire », regrette un catholique parisien, pas loin de faire le parallèle avec Charles de Foucauld qui avait traversé la localité entre 1883 et 1884, déguisé en juif, avec Mardochée. N'est-ce pas aujourd'hui au prix d'un trop grand renoncement que ce dialogue avec l'islam peut progresser et s'approfondir ? Ainsi, pourquoi le monastère ne sonne-t-il jamais la cloche extérieure de la chapelle, alors que c'était le cas en Algérie ? « La fonction d'une cloche est d'appeler les chrétiens qui sont au-dehors à la prière. Mais il n'y a pas de chrétiens à appeler au-dehors », répond Jean-Pierre Flachaire. « En aucun cas, je n'ai l'impression d'être bâillonné en tant que chrétien. Je suis sûr que saint Benoît nous comprendrait. Peu importe ce qui peut être dit en France. Le sens de notre présence est celui de la Visitation. Nous témoignons de l'Évangile par nos vies. Et je me dis que témoigner par sa vie est plus important que de belles paroles non suivies d'effets. Nous présentons ici un autre visage des chrétiens que celui des croisades. Et quand je rentre en France, je peux témoigner d'un autre visage des musulmans, devant les personnes qui font des amalgames avec le terrorisme. »

Le message est passé, y compris semble-t-il au sein de l'Ordre cistercien de la stricte observance, où certains moines ont tendance à voir « ceux de Midelt » comme de quasi-dissidents au service d'une cause inutile. « Pourquoi entretenir une telle présence, alors que certains monastères ont du mal à tourner en France ? » s'interrogent des réfractaires. En 2005, dom Bernardo Oliveira, alors abbé général à Rome, était venu effectuer une visite d'amitié à Midelt. Aiguebelle, la maison mère, retenait son souffle. « Omar, notre ouvrier, l'a invité à partager un repas dans sa maison. Il a beaucoup apprécié son séjour et il l'a écrit dans une lettre circulaire envoyée à tout l'Ordre », se souvient Jean-Pierre Flachaire. Nouveau signe de cette acceptation : une quinzaine de supérieurs de l'ouest de la France sont venus se réunir pendant une semaine en avril 2012 à Midelt, pour leur rencontre annuelle, dans un climat décrit par des participants comme « extrêmement fécond et porteur ».

Que les moines de Notre-Dame de l'Atlas ne soient que trois n'inquiète nullement Jean-Pierre Flachaire pour l'avenir : cette relative fragilité est inséparable de l'histoire de Tibhirine. « Depuis que j'ai établi un lien très fort entre notre monastère et le père de Foucauld, je vois notre communauté comme une fraternité de quatre à six frères maximum. Je crois que ce petit nombre de frères pourra se maintenir et que l'Ordre nous aidera. Notre situation n'est, pour moi, pas plus préoccupante que celle d'un bon nombre de monastères français ou européens. »

Il n'est qu'à voir les sourires paisibles de ces moines pour comprendre toute l'espérance et toute la force qui les animent. En ce glacial mois de février 2012, ils se réchauffent avec leurs amis dans le salon de thé. Omar fait le service. Les verres moussent. L'ouvrier s'interrompt : « Je ne comprends pas pourquoi ils auraient tué votre Jésus. Il n'avait rien fait de mal. » Les moines écoutent en silence. Hassan, le peintre en bâtiment, a posé son bras sur l'épaule de Jean-Pierre Schumacher : « Mon père, je suis ton fils. » « Moi aussi », lui répond, timidement, le petit homme de Tibhirine. Sur les murs en pisé, les ouvriers ont affiché un article en arabe du journal marocain *Le Soir* qui avait consacré une page entière aux moines. Il est illustré par une grande photo de Jean-Pierre Schumacher. Un instituteur assure la traduction. « Le titre veut dire : “Midelt, l'endroit préféré des pères”. Le surtitre en rouge signifie : “Ils font le ramadan comme les musulmans”. Le journaliste dit que vous vivez parmi la population, qui vous invite souvent. Il n'y a rien contre vous. » Alors que l'homme s'approche pour détacher l'article et le lire de manière plus confortable, Omar le stoppe net dans son élan. « Ne l'enlève surtout pas ! Ça, c'est sacré ! »

CHAPITRE 4

Chrétiens et musulmans : le dialogue, tout simplement

Tibhirine : la voie du soufisme

Par quel mystère mon chemin a-t-il croisé celui des soufis en Algérie ? Je ne puis m'imaginer que le Seigneur ne soit pas l'artisan de cette heureuse circonstance, qui allait contribuer au plein essor des Rencontres du Ribât el-Salâm, créées au printemps 1979 par le père Christian de Chergé et le père blanc Claude Rault : deux fois par an, à partir d'octobre 1980, des mystiques musulmans de Médéa appartenant à la confrérie des Alâwiyya de Mostaganem viendraient partager avec nous des temps de prière au monastère de Tibhirine, dans ce qui constituerait une expérience spirituelle modeste mais inédite, porteuse de grandes espérances pour le dialogue islamo-chrétien.
En 1978, un groupe de Malgaches bénéficiant d'une bourse d'études se trouvait au Centre de formation administrative (CFA) de Médéa, près de Tibhirine. Pour Noël, ces jeunes catholiques recherchaient un lieu de culte. Ils s'étaient invités à notre messe, sans prévenir. Je les revois entrer dans la chapelle alors que la célébration était déjà bien entamée. Comment leur reprocher leur retard ? Ils avaient si joliment chanté à plusieurs voix que, l'office terminé, nous sommes allés à leur rencontre pour leur

suggérer de renouveler l'expérience : « L'an prochain, il faudra se concerter à l'avance pour mieux préparer cette cérémonie, afin qu'elle soit plus belle encore. » Puisque je m'occupais de la liturgie, c'est tout naturellement que, en décembre 1979, je me suis de nouveau rendu au CFA de Médéa. Malheureusement, les Malgaches n'étaient pas là. Je les ai attendus dans le bureau du responsable du centre, un Algérien d'une trentaine d'années avec qui j'ai entamé la conversation. Apprenant que j'étais moine, cet homme chaleureux s'est mis à me parler de religion d'une manière peu commune. « C'est curieux, ai-je pensé tout en l'écoutant, ce qu'il me raconte ressemble beaucoup à ce que nous vivons comme moines. » Il n'était pourtant pas imam mais simple fonctionnaire. « La souffrance purifie le cœur, me déclarait-il. Il faut savoir la vivre. » Et voici qu'il mentionnait l'exemple suivant, qui faisait écho en moi à de lointains souvenirs : « Pour donner de l'huile, disait-il, les olives doivent être pressées. Elles passent d'abord sous une meule qui les écrase, noyaux compris. Puis cette pâte épaisse est déposée dans des scourtins. Ces disques en toile de jute sont entassés les uns sur les autres, avant un ultime pressage. L'huile fine qui en est extraite ne sert pas qu'à cuisiner. Elle est utile aussi comme médicament. C'est l'un des plus beaux dons de Dieu. L'olive doit transiter par ce chemin exigeant avant d'engendrer ce trésor. La souffrance suit le même chemin dans le cœur des hommes. » N'en allait-il pas de même avec le blé du moulin à farine de mon enfance ? Je me sentais d'autant plus en communion avec cet Algérien qu'il disait vivre la pauvreté comme un idéal, dans sa famille et pour lui-même...

Entre-temps, les Malgaches étaient revenus et je les ai rejoints pour préparer la messe. Le secrétaire général souhaitait passer au monastère pour voir comment nous priions. Mes frères et moi-même avons accepté sa demande, et il est venu accompagné de quatre ou cinq personnes dont nous avons appris qu'ils étaient des soufis de la confrérie Alâwiyya de Mostaganem. C'était pour moi une totale découverte ! Les hommes ont assisté à toute la cérémonie mais j'ai senti qu'ils n'étaient pas complètement satisfaits. Ils voulaient revenir pour entamer un partage avec notre communauté. J'avoue avoir ressenti un peu de méfiance : « Ne cherchaient-ils pas à nous "embobiner" ? À nous convertir ? » Plus tard, j'ai compris qu'ils étaient ouverts à toutes les religions, et même aux hommes sans religion : ce qui leur importe est la recherche d'une voie (*tarîqa*) pour devenir meilleurs et aller à la rencontre de Dieu.

Nous avons pris rendez-vous pour le vendredi suivant et, le jour venu, ils étaient là, vêtus de surplis blancs. Père Christian avait aménagé la chapelle de l'hôtellerie avec des nattes, des tapis et des cloisons en roseau. Nos hôtes auraient presque pu se croire chez eux, dans une petite mosquée ! Nous nous sommes installés sur des bancs dans une atmosphère recueillie. Les soufis étaient assis d'un côté de la petite salle et nous, de l'autre. La cérémonie se déroulait en commun. Ils ont commencé à chanter, tout en se balançant d'avant en arrière. Puis ils nous ont demandé de prier à notre tour. Ce fut un moment extraordinaire, car le plus souvent, dans ces pays, la prière des chrétiens est considérée comme sans valeur. Mais notre surprise ne s'arrêta pas là : ils ont demandé à notre supérieur de conclure la cérémonie.

Puis, l'un d'eux a donné une parole de louange tirée du Coran, à méditer pour que nous la chantions ensemble à notre prochaine rencontre, en une prière commune. Je ne me rappelle plus le contenu de ce premier *dikhr*, mais le Ribât el-Salâm était né !
Le même rituel s'accomplit à chacune de nos rencontres ultérieures, auxquelles participa un nombre plus ou moins égal de chrétiens et de soufis. Père Christian demandait à frère Michel – très attaché au Ribât, comme frère Christophe – d'allumer une bougie qui symbolisait pour nous tous la présence de Dieu. Chez les musulmans, en effet, Dieu est *nûr,* lumière. C'est Christian qui, je crois, avait eu cette idée. Chacun priait le Dieu qui était le sien, toujours en silence pour signifier que c'était Lui qui nous parlait et qui nous unissait. Nous étions tombés d'accord avec les soufis sur la nécessité de rester silencieux, pour vivre les mêmes choses sous l'impulsion de l'Esprit.
« Le dogme divise. Nous ne parlerons donc pas du dogme sinon nous n'avancerons pas. Ce qui est important, c'est le chemin par lequel nous allons vers Dieu », avions-nous décidé ensemble. Parler de religion est difficile, voire impossible : certaines questions ne peuvent être abordées par les uns de la même façon que par les autres. L'apostasie, par exemple, est source d'interrogations pour les chrétiens, de la même manière que les musulmans rejettent la Trinité et la divinité de Jésus. Exposer chacun sa doctrine ne sert à rien. La vraie rencontre est ailleurs. Les soufis résumaient parfaitement cette démarche commune dans l'image de l'échelle à double pente : « Vous montez d'un côté vers Dieu. Nous montons de l'autre. Plus on approche du

haut de cette échelle vers le Ciel, plus on est proches les uns des autres et réciproquement. Et plus on se rapproche les uns des autres, plus on est proches de Dieu. »
Il y a dans cette représentation une théologie interreligieuse qui ne peut qu'être inspirée par l'Esprit-Saint. Comme par miracle, elle rejoint la règle de saint Benoît qui nous invite en son chapitre VII à « dresser l'échelle de Jacob et monter là-haut par nos actions ».
« À notre avis, écrivait saint Benoît, les deux côtés de cette échelle représentent notre corps et notre âme. Il y a plusieurs échelons entre ces côtés. Ce sont les échelons de l'humilité et d'une bonne conduite. C'est Dieu qui les a fixés et il nous invite à les monter. »
Sans doute est-il plus simple d'arriver à se comprendre entre personnes de confessions différentes, au travers de symboles tout simples dans lesquels nous pouvons nous reconnaître, comme le montrait déjà la bougie de Christian allumée au début de chaque séance du Ribât. Nous nous sentions parfois plus frères avec les soufis qu'avec certains chrétiens, parce que s'instaurait entre nous une relation sous l'impulsion de l'Esprit-Saint et parce que cette relation était vécue dans un authentique partage. La parole de louange qui était donnée à la fin de chaque rencontre était alternativement puisée dans le Coran et l'Écriture sainte. Nous en choisissions une susceptible d'être acceptée par les deux traditions. Elle pouvait concerner la Vierge Marie (Lalla Meriem, chez les musulmans), dont la figure est reconnue par nos deux religions. C'était souvent en lien avec les événements que nous vivions. Chacun quittait la réunion avec cette parole en tête.
La fois suivante, ceux qui le souhaitaient, soufis comme catholiques, avaient la possibilité de s'exprimer sur la

manière dont ils avaient vécu cet enseignement dans leur vie. Nous ne menions pas de discussion intellectuelle ou théologique. L'autre nous révélait en toute simplicité ce qu'il vivait, intimement, dans sa relation avec Dieu et dans la docilité à l'Esprit-Saint. De voir que cet autre pouvait ressentir les mêmes choses que nous – et inversement – créait une fraternité en profondeur : il aime ce que j'aime, donc, nous pouvons nous comprendre et je peux l'aimer.
Bien sûr, il faut être disposé à monter sur l'échelle pour que ce schéma fonctionne ! Et il est vrai que tous mes frères de Tibhirine n'étaient pas aussi investis dans le Ribât que Christian, Michel et Christophe. Moi-même, je n'ai participé à cette expérience qu'au cours des premières années. Non pas qu'elle me semblât devenue inintéressante ; c'est plutôt que j'avais créé, d'un autre côté, au sein du monastère, un pôle de travail sur la liturgie qui accaparait beaucoup de mon temps. Il reste que cette expérience demeure une belle réussite. Qu'importe si les soufis étaient peu nombreux à participer, et s'ils ne représentent qu'une frange de l'islam, contestée par les musulmans sunnites qui n'admettent qu'un rapport direct avec Dieu*. Ces cérémonies communes restaient pour nous une voie de dialogue. Elle pouvait être explorée à certaines conditions, la première étant bien sûr celle de la langue. Christian savait l'arabe et avait une connaissance approfondie de la religion musulmane, qu'il avait étudiée à Rome. Sans cela, nous n'aurions pu autant partager.

* L'initiation soufie se fait sous la direction d'un maître.

Midelt : s'entraider à devenir de meilleurs croyants

À Notre-Dame de l'Atlas, nos échanges avec les musulmans se sont développés plus vite qu'en Algérie, où l'histoire n'est pas la même. Ces échanges ont même atteint un degré d'épanouissement peu commun qu'il nous plaît de faire connaître à nos visiteurs. Celui-ci est lié à la présence ancienne des Sœurs franciscaines de Marie, arrivées en 1926 à Midelt où elles ont soigné la population, assuré des cours et même encadré un atelier de broderie pour les femmes berbères. Fêtes religieuses, mariages ou deuils… nous sommes régulièrement invités par des musulmans qui habitent près de notre monastère, chose qui se produisait plus rarement à Tibhirine. Pendant le mois du ramadan, à cinq ou six reprises, nous allons partager avec eux le repas traditionnel du *ftour*, qui réunit les familles chaque jour à la tombée de la nuit. Parce que notre nombre est réduit, il est plus facile à ces ménages pauvres de nous adresser ces invitations, auxquelles nous répondons favorablement. Leur hospitalité est pour nous une grande leçon. Serions-nous prêts, vivant à Paris ou à Lyon, à faire aussi facilement une place à nos voisins étrangers, ou d'une autre religion ?
La générosité appelle la réciprocité. De notre côté, nous profitons de grandes occasions pour inviter les ouvriers musulmans à partager des repas à l'hôtellerie. Ainsi, au printemps 2012, lorsque fut achevée l'extension d'un bâtiment destiné à loger les retraitants européens. Mais nous nous gardons alors de toute manifestation religieuse.

Et comme je l'ai déjà mentionné, les moins âgés d'entre nous suivent le ramadan. L'expérience a commencé en 2008. Le précédent évêque du diocèse de Rabat n'était guère favorable à cette initiative dont il craignait qu'elle ne soit perçue par l'Église comme une forme de syncrétisme. Son successeur a eu une attitude différente. Peut-être des habitants ont-ils parfois l'impression que nous devenons musulmans en les accompagnant dans leur effort intérieur à l'occasion de cette période qui célèbre la révélation du Coran au Prophète. Il n'est pourtant nullement question pour nous de nous convertir à l'islam : cela n'a jamais été notre vœu et ne le sera jamais. Nous demeurons profondément chrétiens. Nous agissons ainsi par solidarité, et s'il est question de « conversion », il ne faut pas du tout l'entendre au sens religieux du terme, mais uniquement au sens d'une amélioration : le dessein est de s'entraider mutuellement à devenir meilleurs, à être plus soumis à Dieu, comme dans l'image de l'échelle à double pente des soufis de Médéa.

Au monastère, quand les ouvriers musulmans ou la cuisinière nous voient rejoindre la chapelle, ils sont heureux de constater que nous allons prier. S'il arrive que l'un d'entre nous soit distrait par une occupation dans le jardin ou la cour, il arrive même qu'ils viennent parfois nous alerter dès que la cloche annonçant les offices retentit à l'intérieur, par crainte que nous ne l'ayons pas entendue ! C'est une reconnaissance réciproque, tout en douceur. Une grâce passe entre nous. Les habitants des alentours savent que nous sommes d'une autre religion que la leur mais ils nous reconnaissent le droit de l'exercer tout comme nous reconnaissons la valeur de leur croyance et l'œuvre de Dieu en chacun.

Les Textes propres à chaque tradition comportent des points communs sur lesquels il est possible de s'appuyer pour dialoguer. Il y a quelque temps, un imam du voisinage nous a conviés à dîner. En signe de bienvenue, il a ouvert le Coran pour lire la sourate de Marie (sourate 19). Les musulmans croient comme nous que la Vierge est devenue mère par l'intervention de l'ange Gabriel. Pour le reste, nous avons qu'il existe des points de divergence. S'ils reconnaissent en Jésus (Sidna Issa, dans le Coran ; Sidi Assou en langue berbère) un prophète, ils rejettent sa crucifixion : d'après eux, ce n'est pas le vrai Jésus qui était sur la croix, mais un usurpateur, car un prophète ne peut avoir été crucifié. Parfois, des musulmans de la localité m'entreprennent en m'affirmant : « Jésus n'est pas un Dieu. » Mais je reste silencieux. Nous ne sommes pas au Maroc pour aborder de tels sujets. La foi en un Dieu trinitaire et en la divinité de Jésus nous divisera toujours. Parlons de ce qui nous rassemble.

Je préfère dire, à la suite de Christian de Chergé, que le meilleur musulman est celui qui est le plus soumis à Dieu et que le Christ est le meilleur musulman, parce qu'il est Un avec le Père. Quand des musulmans accompagnent des touristes pour visiter notre chapelle au monastère de Midelt, ils découvrent stupéfaits le tableau d'un Christ habillé sur la croix, prêt à monter au Ciel. Il paraît vivant. Ses bras sont tendus mais ses mains ne montrent pas les trous de la crucifixion. J'explique aux visiteurs que cette œuvre a été voulue telle pour répondre à une attente des musulmans. L'épreuve de la Croix n'est-elle pas un extraordinaire signe d'amour – une preuve de soumission à Dieu ? Plutôt que d'entrer dans des polémiques stériles, je préfère voir, aussi, ce que les musulmans peuvent nous apporter et j'en reviens à cette idée de soumission à Dieu. Les chrétiens ne font pas assez les choses par amour ! Quand ils n'envoient pas tout simplement leur religion aux oubliettes, ils pratiquent trop souvent par devoir, et deviennent routiniers. La soumission à Dieu (le sens du mot *islam*) ne relève pas d'une obéissance servile, ou d'un certain fatalisme. Elle ne signifie pas « obéir à Dieu sans rien chercher à comprendre ». Elle veut dire qu'il est bon d'accomplir des actions pour faire plaisir à Dieu – et donc aux hommes.

Je me souviens qu'un jour, à Tibhirine où j'étais portier, une femme âgée dont le mari avait été tué par l'armée française pendant la guerre s'était présentée à l'entrée pour aller au dispensaire. Frère Luc la soignait. C'était en plein ramadan. J'avais demandé à cette mère de famille : « N'est-ce pas trop dur de jeûner en journée et de devoir se lever avant l'aube pour manger ? » Elle a levé les mains et les yeux au ciel en s'exclamant : *« Râbi... »* (« Seigneur... ») Son regard était plein d'amour et de cette soumission aimante qui porte les musulmans à faire le bien. Aux alentours de Médéa, combien de fois n'ai-je pas vu des habitants ôter des pierres de la route pour éviter des accidents de la circulation ? Ces petits gestes d'attention, faits pour plaire à Dieu, sont typiques de l'islam.

Tout ce qui a rapport à la morale et à la charité rapproche nos deux religions. Nous apprenons chaque jour à mieux nous connaître et à nous reconnaître. Rien n'est écrit. Ces échanges et ces partages sont une expérimentation. Comme dans un laboratoire, nous avançons pas à pas. Nous n'inventons rien, à l'image

des scientifiques qui sont sans doute d'une plus grande humilité que tout autre être humain : ils mettent au jour les choses telles qu'elles sont. Certains, au sein de l'Église, considèrent notre présence comme inutile, dans la mesure où toute conversion est interdite. Mais notre projet n'est pas de cet ordre. Il est de dialoguer, tout simplement, et d'être là sans faire de bruit. Seule cette attitude peut amener à la reconnaissance.
Nous pensons aussi qu'elle peut interroger ceux qui ne jurent que par le prosélytisme, et sont entrés dans une malheureuse détestation de l'islam. Il y a plus de dix ans, lors d'un dîner de rupture de jeûne auquel il m'avait invité, Faouzi Skali avait appliqué au champ spirituel ce que les scientifiques appellent « l'effet papillon » : leur minuscule battement d'ailes pourrait créer des vagues à l'autre bout du monde. Dois-je dire à quel point ses mots m'ont paru exprimer notre engagement en terre d'islam ? « Quand nous vivons une relation profonde avec Dieu, ajoutait le soufi, cela a des effets jusqu'aux confins de la planète. » Ainsi en va-t-il de notre vie à Midelt. Nous n'entreprenons pas de grands projets techniques ou sociaux. Mais, si frêles et petits que nous soyons, nous espérons que notre docilité à l'Esprit divin pourra faire naître des vaguelettes jusqu'à d'autres rives plus ou moins lointaines. Dans cet engagement, mieux vaut être plusieurs que seul. « Là où deux ou trois sont réunis, je suis au milieu », nous disait Jésus (Matthieu 18,20). C'est notre idéal communautaire de vie monastique. Si le papillon trappiste et le papillon soufi battent des ailes ensemble, alors des mouvements peuvent naître, jusqu'à faire céder les digues de l'obscurantisme et de la haine de l'autre.

Beaucoup se demanderont, à ce stade du récit, pourquoi le Ribât el-Salâm algérien ne s'est pas prolongé au Maroc, compte tenu de conditions en apparence favorables. Faouzi Skali, lui-même membre de la confrérie Qadiria Boutchichia, organise en effet chaque année à Fès un grand festival de la culture soufie, fréquenté par des spécialistes de renom. Poursuivre le Ribât était mon désir, dès le début. Mais la communauté que nous formons à Midelt, considère, en accord avec l'évêque du diocèse de Rabat, qu'il ne lui appartient pas de provoquer le destin. Si des soufis frappent un jour à notre porte, ce sera la volonté de Dieu. Mais nous n'irons pas les solliciter. En Algérie, ce sont eux qui avaient fait la démarche de venir nous rendre visite, après un premier contact établi par hasard. « Laisser venir » : telle est notre ligne de conduite et nous mettons un point d'honneur à nous y tenir. Nous ne voudrions pas compromettre notre bonne insertion dans le voisinage par des initiatives qui pourraient être mal interprétées. L'honnêteté commande de reconnaître aussi que notre maîtrise de la langue arabe n'est que très imparfaite : cette donnée ne facilite pas toujours les échanges au-delà d'un certain seuil, en tout cas d'un point de vue spirituel. Nous espérons qu'un jour, avec l'aide du Seigneur, un frère nous rejoindra qui saura nous épauler dans ce domaine !

L'urgence de se parler

Le visage que l'humanité offre à nos regards se crispe de trop fréquentes convulsions. Comment ne pas se sentir meurtri par la haine qui peut surgir du cœur

des hommes ? Pourquoi arrive-t-il que des individus en viennent à tuer leurs prochains, jusqu'à instrumentaliser l'idée même de Dieu ? Il serait naturel de nous imaginer, nous les moines de Notre-Dame de l'Atlas, à l'écart des tumultes du monde. Nous vivons au Maroc, dans un monastère haut perché et relativement difficile d'accès. Mais ces violences lointaines nous atteignent et nous interrogent autant que les autres, en particulier quand « l'islam » se retrouve injustement mis en cause dans sa globalité.
Les visites que nous recevons à l'hôtellerie, les messages qui nous sont envoyés à notre adresse Internet par des correspondants de divers pays, les journaux français et marocains auxquels nous sommes abonnés : tout nous relie à la marche parfois chaotique de la planète. La quiétude de notre environnement n'exclut nullement l'inquiétude et la compassion. C'est pourquoi, à l'office des vêpres, nous unissons chaque soir nos intentions de prière pour demander la paix entre les hommes, quelles que soient leurs religions, et même s'ils n'en ont pas. Par notre humble présence cistercienne en terre d'islam, nous voudrions porter un simple témoignage de fraternité. Nos échanges quotidiens et conviviaux avec les musulmans marocains de Midelt, sans aucun prosélytisme de part et d'autre, expriment la possibilité d'une relation apaisée et heureuse avec une autre culture et une autre religion que les nôtres.
D'une certaine manière, nous serions même prêts, avec l'accord du Seigneur, à considérer ce petit laboratoire monastique comme une sorte d'avant-garde théologique de la relation islamo-chrétienne, dont il serait beau que s'inspirent d'autres chrétiens. À tous ceux que démange-

rait la tentation de la haine, je voudrais confier ces deux minuscules moments de partage. L'an dernier, j'étais malade et alité. Le sachant, Omar, un voisin musulman qui travaille pour notre monastère, m'a apporté un thé. Un autre jour, il m'a fait cadeau de romarin en me conseillant de l'utiliser en tisane pour le cœur. De tels gestes fraternels vont au-delà de l'amitié. Ils guérissent de tout. Ils sont faits pour Dieu. Sommes-nous, chrétiens, toujours aussi capables d'attentions aux autres ? « Qu'as-tu à regarder la paille qui est dans l'œil de ton frère ? Et la poutre qui est dans ton œil à toi, tu ne la remarques pas ! » (Luc 6,41). C'est comme si certains avaient parfois oublié l'Évangile, pour ne plus brandir que leur identité catholique en étendard.

Il est si facile d'agiter les peurs pour s'exonérer, parfois, de ses propres faiblesses… L'Occident s'est, semble-t-il, trouvé un nouvel « ennemi », depuis la chute du bloc de l'Est en 1991. Combien de fois, ces vingt ou trente dernières années, « l'islamisme radical » n'a-t-il pas été montré du doigt dans les médias ? Il ne s'agit pas de nier ce qui existe. Il s'agit d'éviter de se laisser emporter par les amalgames. Ainsi, en tant qu'hommes, et en tant que disciples du Christ prêchant l'amour fraternel, nous devons condamner le basculement dans la haine qui a conduit un jeune Français se revendiquant apparemment du « djihadisme » à assassiner un rabbin et trois enfants juifs, en mars 2012, à Toulouse. J'ai repensé à ces enfants et à ces familles de mon village de Moselle, jamais revenus des camps nazis, parce que leur crime était d'être nés juifs. Ils étaient nos amis et nos frères. Ceux avec lesquels nous avions fait nos premières découvertes sur le chemin de l'existence. Nous devons condamner la haine qui a conduit ce même jeune Français à assassiner trois militaires de son pays – musulmans et catholique – à Toulouse et Montauban, peut-être parce que, dans son aveuglement, il les percevait comme des « traîtres » ou des « infidèles » au service d'une armée intervenant en Afghanistan. Mais après avoir prié pour les victimes et leurs familles, nous devons prier aussi pour que Dieu fasse comprendre à l'assassin sa faute et son crime, et qu'Il lui accorde Sa miséricorde.

Nous avons appris en lisant la presse, au mois de mars 2012, que le père de l'assassin résidait dans la région de Médéa, en Algérie – celle de notre ancien monastère de Tibhirine. Cette coïncidence a ravivé en moi des souvenirs douloureux et m'a fait craindre qu'une fois de plus, et par un fâcheux raccourci, « Maghreb », « islam » et « terrorisme » ne soient associés à tort dans l'esprit des gens. Me reviennent en mémoire, encore, les mots du testament de Christian de Chergé, notre prieur assassiné en 1996 en Algérie : « Je sais aussi les caricatures de l'Islam qu'encourage un certain idéalisme. Il est trop facile de se donner bonne conscience en identifiant cette voie religieuse avec les intégrismes de ses extrémistes. » Le crime de Tibhirine est une honte pour tous les Algériens que nous connaissons. Rien ne demeure plus vrai aujourd'hui. Nous ne devons pas nous-mêmes sombrer dans la haine, en réponse à celle qui nous a été infligée. Nous ne devons pas faire de généralisations. Ce serait tomber dans le piège tendu par les extrémistes de tous bords qui cherchent à propager une fausse image des religions et à faire s'affronter les communautés dans un conflit sans retour, où chacun s'arrogerait le droit de dire le vrai. Nous qui faisons de l'espérance une vertu cardinale, ne désespérons pas !

En 2011, j'avais lu une tribune parue sur un site Internet français. Son auteur s'y offusquait du manque de solidarité, en Occident, avec les chrétiens d'Orient victimes d'attentats ou de persécutions. Dans certains pays, ces fidèles sont, en raison de leur religion – syriaque, copte, chaldéenne… –, parfois désignés à la vindicte populaire comme des « croisés ». Certains les percevraient, affirment des spécialistes, comme des alliés supposés des armées occidentales, voire des agents de renseignement ; ils n'ont pourtant rien d'Occidentaux et vivent sur ces terres depuis les premiers temps de l'Église, avant la naissance de l'islam au VIe siècle de l'ère chrétienne. Ces faits sont établis. Et nous avons tous été choqués lorsque plus de cinquante catholiques syriaques ont péri dans un attentat à la cathédrale Notre-Dame du Salut, à Bagdad, le 31 octobre 2010. Cet attentat revendiqué par al-Qaïda avait fait, aussi, plus de soixante blessés, dont certains resteront handicapés à vie.

Mais la tribune dont je parlais à l'instant m'avait laissé un goût amer. Son rédacteur réclamait une mobilisation contre cette violence faite aux chrétiens d'Orient, en des termes qui m'avaient semblé fort peu appropriés. Le texte abondait d'expressions peu pacifiques : « Il serait grand temps, écrivait-il, que nous nous apercevions, enfin, qu'une nouvelle guerre de religion a éclaté, et cette fois, à l'échelle planétaire […]. Cette haine du chrétien dépasse de beaucoup tous les problèmes de la foi. En s'attaquant aux églises, aux prêtres, aux religieuses, aux fidèles, les islamistes veulent abattre la civilisation occidentale [...] Ne continuons pas à nous boucher les yeux, à parler de l'amitié "islamo-chrétienne", d'un "islam à l'occidentale", de la "cohabitation harmonieuse des trois monothéismes" [...]*. » Le chrétien que je suis en a été profondément blessé. Cette tribune de presse omettait de rappeler que les musulmans sont les premières victimes des attentats commis par les extrémistes d'al-Qaïda ou de mouvements assimilés, en Irak ou ailleurs. Surtout, j'ai pensé que de tels propos ne pouvaient que conduire les chrétiens eux-mêmes à se durcir encore plus dans leur foi. Ce ne sont pas de telles paroles enflammées dont nous avons besoin à notre époque, mais, toujours et encore, d'un dialogue patient et acharné. Seul l'effort de dialogue, qui n'exclut pas une douce fermeté si nécessaire, permet de connaître l'autre, de « l'en-visager » à la manière du philosophe Emmanuel Levinas, de nous unir à lui par des liens qui permettent de faire tomber les a priori. Si ce fil ténu est rompu, la haine risque de surgir à tout instant. Quand le prochain devient le lointain, tout peut être imaginé à son propos. Plus aucune contradiction n'est possible en son absence. Ainsi disparaît la confiance. Ainsi prospèrent les peurs. Ainsi se propage la violence.

Or, la rencontre de l'autre enrichit. L'humilité consiste, dans une vie, à reconnaître qu'un être humain ne peut

* « La guerre de religion a commencé », article publié par Thierry Desjardins sur son blog (http://www.thierry-desjardins.fr/), le 3 janvier 2011. Né en 1941, Thierry Desjardins a été journaliste au *Figaro.*

produire seul la perfection. La perfection est reçue du dialogue avec cet autre qui parfois nous effraie, ou que nous effrayons. La vie est un don du Ciel ; elle ne nous appartient pas et il nous faut savoir la préserver dans l'écoute mutuelle et dans le respect de nos différences. Si ces différences ont été voulues par Notre Créateur, ce n'est pas pour semer les germes de la division à de funestes fins, comme l'on dirait du diable qu'il est, littéralement, celui qui divise. C'est, au contraire, pour nous faire progresser et pour nous rendre complémentaires les uns des autres, dans le souvenir du péché d'orgueil de Babel qui a failli conduire à notre perte. Pas plus que d'autres religions, l'islam n'est l'incarnation de la violence. Au nom de quoi ou de qui, d'ailleurs, aurions-nous le droit d'accabler telle catégorie de population, ou telle tradition religieuse, de tous les maux ? Je voudrais rappeler cet extrait du verset 32 de la sourate 5 du Coran, dite « sourate de la Table » (Al-Mâ'ida) : « Quiconque tue un être humain non convaincu de meurtre ou de sédition sur la Terre est considéré comme le meurtrier de l'humanité tout entière. Quiconque sauve la vie d'un seul être humain est considéré comme ayant sauvé la vie de l'humanité tout entière. » L'exégèse considère que cette sourate est l'une des dernières qui aient été révélées au Prophète*.

* Selon les notes, rédigées par Azzedine Gaci, de la nouvelle traduction du Coran, parue en 2007 aux Éditions Tawhid (Lyon). Une phrase proche apparaît à de multiples reprises dans la littérature rabbinique : « Quiconque détruit une personne en Israël, l'Écriture considère que c'est comme s'il avait détruit un univers entier. Et quiconque sauve une personne en

Il ne peut être nié, objecteront certains, que le Coran contient des passages paraissant appeler de manière plus ou moins explicite à la violence, mais c'est tout aussi vrai de l'Ancien Testament et du Nouveau. Souvenons-nous de Jésus auquel l'Évangile de Matthieu attribue le très troublant : « N'allez pas croire que je sois venu apporter la paix sur Terre ; je ne suis pas venu apporter la paix mais le glaive [...] » (Matthieu 10,34). Tous les Textes des différentes religions peuvent comporter des côtés sombres et lumineux mais les côtés lumineux m'y semblent bien plus éclatants. Ils nous aident à sortir des ténèbres. Au fond, ne serait-il pas plus juste de concevoir ces Révélations comme un miroir global tendu à l'humanité ? Ce miroir serait comme le reflet des contradictions humaines et une invitation détournée à la sagesse. Une façon, en somme, de suggérer aux hommes, à travers la lecture des Textes : « Envisagez aussi que la haine puisse exister : ne l'oubliez pas ! Affrontez-la du regard, avec amour ! »

L'islam est une religion d'une grande diversité et très largement méconnue de ceux qui s'empressent de la critiquer. L'un des premiers mots du Coran est « miséricorde ». Ce qui caractérise la religion musulmane est une soumission aimante à Dieu. Elle est avant tout une pratique humaine et généreuse, éloignée de tout dogmatisme et vécue dans une grande simplicité, tout par-

---

Israël, l'Écriture considère que c'est comme s'il avait sauvé un univers entier » (Mishna, Sanhédrin 4,5). Cette traduction suivant le texte hébreu a été effectuée en avril 2012 par René Pfertzel (Leo Baeck College of London), à la demande de Nicolas Ballet.

ticulièrement ici, au Maroc. C'est une foi qui respire, quand parfois, celle des chrétiens d'Europe, expire. Nous avons beaucoup à apprendre du contact avec les musulmans. Il n'est pas question de renier ses racines culturelles : ainsi, j'ai toujours refusé de demander la nationalité algérienne lorsque j'étais moine en Algérie, contrairement à d'autres de mes frères, qui ont préféré suivre un itinéraire différent, que je respecte. Parce que je suis lorrain, Jeanne d'Arc restera toujours l'une de mes saintes préférées, elle qui a eu le courage de se retrouver au milieu d'une armée d'hommes et que certains voulaient considérer comme une hérétique. Je n'ai pas une connaissance approfondie du Coran, même si je m'y réfère de temps à autre pour mieux comprendre ce que m'expliquent des Marocains. Mais je perçois que la foi des musulmans est vivifiante. Elle nous fait progresser dans notre quête de Dieu. C'est ce que nous ont enseigné nos amitiés à Tibhirine, en Algérie, et c'est ce que continue de nous enseigner le dialogue pratiqué au quotidien à Midelt, au Maroc. Cet échange se heurte, parfois, à d'évidentes difficultés. Il serait malhonnête de vouloir gommer ses échecs ou certaines des impasses théologiques auxquelles il peut être confronté : nous avons tous nos propres limites, ne pas l'admettre serait pécher par orgueil. Mais après quarante-huit années passées au contact des musulmans, au Maghreb, c'est d'abord l'histoire d'une rencontre possible et souhaitable que nous avons voulu, avec mes frères, vous raconter. Nous en avons toujours été convaincus : le dialogue est LA véritable réponse, même face à « l'islamisme radical ».

INTERMÈDE 4

Souvenirs d'un soufi des premiers Ribât el-Salâm

Au « Cher Monsieur » très formel de notre demande d'entrevue, il avait répondu d'un chaleureux « Frère en humanité ». L'homme simplement vêtu qui s'avance dans la cour baignée de soleil est fidèle au ton employé dans son courrier. Doux et abordable à la fois, il nous sert longuement la main en adressant sa bénédiction : *« Aleikum salam »* (« La paix soit sur vous »). « J'ai voulu, dit-il, que nous nous rencontrions dans un lieu symbolique. » Canton de Neuchâtel (Suisse), le 28 avril 2012. Allaoui Abdellaoui nous a donné rendez-vous à la communauté de Grandchamp, tranquille oasis de spiritualité près des bords du lac. C'est un hameau de trois vieilles bâtisses en pierre, au milieu des prés. Des sœurs protestantes tout de bleu vêtues vaquent à leurs occupations, entre animation de temps de prière et préparation du repas. « Qu'est-ce qui vous ferait plaisir ? Une tisane au romarin ? » interroge sœur Pierrette, la prieure. Elle nous conduit par un escalier jusqu'au parloir aménagé dans la bibliothèque où se trouvent, parmi beaucoup d'autres, des ouvrages sur les martyrs de l'Atlas. Animée d'un fort esprit œcuménique et interreligieux, Grandchamp fait figure d'ambassade de Tibhirine en territoire helvétique. Entre ces murs vit toujours sœur Anne-Geneviève, participante active,

avec sœur Renée, aux rencontres du Ribât el-Salâm à partir de 1984 au monastère trappiste d'Algérie.
Ces intenses partages entre chrétiens et mystiques musulmans soufis, Allaoui Abdellaoui en a, lui aussi, été l'un des modestes acteurs. « Je ne suis que quantité infinitésimale par rapport à mes frères soufis du groupe de Médéa qui voyaient régulièrement les moines », se défend cet Algérien, né en 1945 à la zaouïa (école coranique et sanctuaire) de Mostaganem. Il fait partie de la confrérie soufie Alâwiyya, comme son père qui avait été l'élève du maître et fondateur, le *cheikh* Ahmad Ibn Mustafâ Al-'Alâwî. « Dès mon enfance, j'étais immergé dans cette zaouïa qui accueillait sans conditions aussi bien des musulmans et des juifs que des chrétiens ou des libres-penseurs. Chacun était le bienvenu. Il pouvait entrer, s'asseoir, fermer les yeux, écouter, échanger avec les autres… Le soufisme est une soif d'essentiel. La foi n'est pas une question de barbe, de chapelet ou d'habit, mais un état d'être. Comme l'abeille qui butine, nous sommes en recherche et notre regard porté sur l'autre n'est pas un regard de mépris qui dirait "Nous sommes les meilleurs, nous détenons la vérité". Tout individu peut apporter quelque chose à un autre, du moment où personne ne cherche à convertir. »
C'est en 1980 que l'itinéraire d'Allaoui Abdellaoui a rejoint celui des moines de Tibhirine. Il rentrait, apaisé, d'une longue quête à pied à travers le désert du Sahara qui l'avait mené, après un détour par le Niger, jusqu'à l'Assekrem et l'ermitage du père Charles de Foucauld, dans le Sud algérien. « Très souvent, ce que l'on va chercher très loin, on l'a en soi. Et ce n'était ni plus ni moins moi que j'avais découvert. » Tout était à por-

tée de main : à Tibhirine, il découvre que le dialogue islamo-chrétien peut être vécu d'une manière exceptionnellement forte, lorsque le dogme est laissé au vestiaire pour entrer dans le dépouillement de la spiritualité. « Les moines, ces êtres de lumière, nous ont fait le cadeau de se considérer comme priants parmi les priants. Ils n'étaient pas dans la position d'avant l'indépendance algérienne, où le discours était d'évangéliser “par la croix et par l'épée”. Avec eux, le chemin se traçait dans le sens de la rencontre. » Pour parvenir à entrer en communion lors des Ribât, les participants s'appuyaient sur les thèmes communs aux deux religions, comme la paix, la miséricorde et l'amour. Le lieu même avait été aménagé avec des nattes et des tapis, ce qui mettait les uns et les autres dans des conditions sereines pour avancer dans la recherche de l'essentiel. Parmi les quelques documents qu'Allaoui a apportés avec lui à Grandchamp, il y a cette photo du Ribât, datée de l'année 1980. Christian de Chergé y est aisément reconnaissable. « Moi, je suis là, au fond, dans l'obscurité, vous ne me voyez pas », sourit Allaoui, qui a gardé de cette séance un souvenir « inoubliable ». L'un de ses frères soufis, Rachid, avait entamé un chant spirituel en arabe. « C'était pour inviter l'âme à sortir de cette prison qu'est le corps, afin qu'elle nous baigne de sa présence. Quand le chant s'est arrêté, le père Jean de la Croix, alors supérieur de Tibhirine, a demandé à Rachid : “Mon frère, s'il te plaît, redis ce poème.” Rachid a recommencé à chanter. Tout du long, Jean de la Croix fondait en larmes. Et nous aussi, nous n'avons pu retenir notre émotion. En le voyant pleurer, lui, le chrétien, nous avons eu la confirmation de cette parole coranique qui dit : “Quel est le critère qui vous permet de savoir que vous êtes avec des chrétiens de la profondeur et du cœur ? Au moment où vous essayez de partager par votre dimension intérieure ce joyau-là qu'est le divin, ils pleurent.” Nos frères chrétiens étaient au cœur, du cœur, du cœur de cet essentiel que nous chérissons. Ces larmes exprimaient la miséricorde. » Il y a quelques années, retournant sur la tombe de Jean de la Croix au monastère d'Aiguebelle, dans la Drôme, Allaoui Abdellaoui a récité le même poème, avec l'écrivain Ahmed Bouyerdene*. « Je suis convaincu qu'il nous écoutait ! »

Si la force des liens noués à Tibhirine demeure, c'est aussi parce que le Ribât n'était pas qu'un lieu de communion dans une ambiance mystique. C'était aussi une petite fabrique spirituelle, sacrément inventive. Le frère Jean-Pierre Schumacher a souvent cité l'image désormais fameuse de l'« échelle à double pente » figurant le dialogue entre chrétiens et soufis. L'origine de ce symbole restait mystérieuse. Provenait-elle d'un texte soufi ? Allaoui Abdellaoui, qui s'est renseigné auprès de l'un de ses frères de Médéa, en Algérie, donne, pour la première fois, toutes les explications. « Un jour, en arrivant au monastère de Tibhirine, les soufis ont vu une échelle posée contre un arbre pour cueillir des fruits. Quand la séance du Ribât a commencé, cette

* Ahmed Bouyerdene est historien, spécialiste de l'émir Abd el-Kader, grande figure de la résistance algérienne à la conquête française en même temps que du soufisme. Il en fait la biographie spirituelle dans son livre *Abd el-Kader. L'harmonie des contraires* (Paris, Seuil, 2008).

échelle est venue dans la discussion. Ils se sont interrogés, avec les chrétiens : “Supposons que cette échelle soit dans le désert. Comment ferions-nous pour la faire tenir debout ? Il n'existerait aucun appui. Nous aurions besoin d'une échelle à double pente. Elle seule peut être utilisée dans toutes les circonstances ; elle seule, permettrait l'ascension en toute sécurité. Ainsi peut-on monter ensemble, se rapprocher les uns des autres, mieux se voir et cueillir ensemble les fruits du divin.” »
Symbole doublement puissant : c'est dans la rencontre qu'est née cette image du dialogue. « Tout est signe et si cette échelle était dans le jardin quand ils sont arrivés, ce n'était pas par hasard ; cette histoire prouve bien que l'on a besoin de l'autre pour construire et pour se construire. Christian de Chergé l'exprimait par cette phrase : “Vous êtes nos révélateurs et nous sommes vos révélateurs”. » Pour Allaoui Abdellaoui et bien d'autres, « une grande espérance est née dans le cœur » avec le Ribât. « Car construire ensemble, cela rend plus fort, non pas au sens de la domination, mais du rayonnement. »
Mais la mort tragique des moines de l'Atlas, au printemps 1996, n'a-t-elle pas marqué les limites de ce dialogue ? Allaoui – qui n'a pas vécu ces événements en Algérie, car il se trouvait alors en France – répond par une question. « Qui connaît la vérité de ce qui s'est passé, à partir de la nuit de l'enlèvement, jusqu'au moment de l'exécution, si toutefois il y a eu exécution ? Tout ce qui a pu être dit à ce propos peut être vrai… ou faux. Les seuls à savoir, ce sont peut-être nos frères qui sont partis avec leur vérité et qui sont allés au bout de leur voyage, dans la fidélité à cet esprit de

don et de partage qui était le leur. Le rayonnement de leur message, jamais personne ne pourra l'arrêter. Pour ma part, je suis certain qu'un musulman, quelle que soit sa dureté, ne peut pas s'en prendre à un moine, surtout s'il aide autant la population. » Et même si la réalité s'avérait un jour différente, ce n'est pas ce qui l'empêcherait de continuer à « jeter des ponts » entre les religions – parole d'un spécialiste du génie civil. « Parfois, le ciment ne prend pas. Alors il faut être patient et recommencer plus tard. »

Si le soufisme est parfois voué aux gémonies par l'islam orthodoxe, Allaoui Abdellaoui refuse de considérer le Ribât comme une « minuscule exception ». « On ne peut pas interdire de dialoguer aux personnes qui veulent dialoguer. Le Ribât se poursuit sous une forme plus subtile, moins "institutionnalisée", mais pas moins efficace. » Lui-même est très engagé dans diverses initiatives, en Suisse, et dans d'autres pays. « Je suis souvent invité dans des lieux chrétiens. Il arrive que le film de Xavier Beauvois, *Des hommes et des dieux*, soit alors projeté. Lors des débats, je fais face à des personnes parfois très fermées, qui viennent avec leurs crispations, accusent l'islam d'être une religion meurtrière en citant des versets du Coran sortis de leur contexte. Mais plus ces personnes essaient de tirer les échanges vers le bas, plus nous nous efforçons de les élever. À la fin, les mêmes viennent me serrer la main d'un air enthousiaste : "Si c'est ça l'islam, nous sommes prêts à partager avec lui !" »

Mais ce qui semble fonctionner avec les chrétiens fonctionne-t-il aussi avec les musulmans orthodoxes ? Allaoui a la preuve que oui. « Il y a quatre ans, nous

voulions célébrer la naissance du Prophète. Nous avons préféré changer l'intitulé pour en faire une célébration de l'esprit prophétique. Des juifs, des chrétiens, des hindouistes, des bouddhistes et des musulmans orthodoxes ont été invités à participer. La rencontre avait lieu au centre protestant d'Ouchy, en Suisse. Nous avions suggéré à chacun d'illustrer l'esprit prophétique par un chant puisé dans sa tradition. Et cela a donné un moment extraordinaire ! À la fin de la célébration, les musulmans orthodoxes m'ont dit : “Il y a probablement des choses qui nous divisent, mais ce soir, il y a probablement plus de choses qui nous rassemblent.” »
Le secret de l'entente est peut-être là. Dans l'intelligence du choix des mots, qui savent identifier les points de convergence possibles. « Ne critiquons pas les ténèbres : allumons nos bougies », suggère Allaoui Abdellaoui. Chaque jour, l'esprit de Tibhirine l'éclaire dans son cheminement, lui qui « essaie d'être un serviteur » – le plus haut niveau de spiritualité dans le soufisme. En avril 2012, il est allé suivre un jeûne absolu de quinze jours à l'abbaye trappiste de Notre-Dame des Neiges en Ardèche – fréquentée à une époque lointaine par Charles de Foucauld et par frère Luc, le médecin et martyr de l'Atlas. Il avait prévu initialement de se rendre au monastère Notre-Dame de l'Atlas, à Midelt. Pour des questions d'organisation, ce déplacement n'a pas été possible. « Mais j'irai, promet-il. Je veux revoir le frère Jean-Pierre Schumacher. À Tibhirine, il y avait les moines qui parlaient beaucoup, et ceux qui étaient simplement là, mais dont la présence ne pouvait passer inaperçue. Il était de cette dernière catégorie. Frère Jean-Pierre n'a pas été enlevé en 1996. C'est donc que

Dieu a décidé qu'il devait continuer à témoigner de Tibhirine. Le monastère en Algérie n'a plus de moines. Mais le rayonnement est toujours là et ce qui est vécu à Midelt le prouve. Aller vers l'autre, le découvrir, le respecter… Ce message de fraternité, d'amour et de miséricorde n'a pas fini de nous dévoiler ses trésors. »
Le long entretien touche à sa fin. En sortant de la bibliothèque de la communauté de Grandchamp, Allaoui Abdellaoui tient à nous montrer une petite salle silencieuse. En bas des escaliers, il ouvre la porte d'une petite chapelle très dépouillée. Des bancs sont disposés aux quatre coins de la pièce. Au mur a été accrochée une reproduction de l'icône de la Trinité d'Andreï Roublev. Une table basse est disposée au centre. « Deux fois par an, nous nous retrouvons là avec nos frères chrétiens pour partager, comme au Ribât. » À la fin de chaque rencontre, les participants qui le souhaitent boivent une soucoupe d'eau, supposée, dans la tradition soufie, enregistrer les ondes positives et l'énergie spirituelle de la prière.
Tout est signe. Tout est échange. Tout est fluidité. Avant de s'en aller, Allaoui Abdellaoui nous lit ce message du *cheikh* Khaled Bentounès, le chef spirituel de la confrérie Alâwiyya : « Le dialogue est nécessaire pour répondre aux maux et aux souffrances de l'humanité. Il est un comportement qui nous oblige au quotidien à freiner nos ardeurs, à remettre en cause nos préjugés. L'autre est notre miroir, qui reflète nos qualités et nos défauts. Il nous interroge sur notre fraternité. Quelle générosité, quel amour sommes-nous capables de partager avec notre prochain ? »

CHAPITRE 5

L'avenir de l'esprit de Tibhirine

En quoi reconnaissons-nous l'esprit de Tibhirine, dans sa relation avec l'islam et avec son environnement humain, en général ? Il est d'abord une présence fraternelle. Il suppose d'être vrai dans notre consécration à Dieu, communautairement et individuellement. Cela conditionne tout le reste. Il ne servirait à rien d'entamer le dialogue avec l'autre, différent, si notre propre vie monastique n'était pas déjà perpétuellement tournée vers la recherche de cette harmonie entre frères de sa communauté.

C'est alors, seulement, que peut commencer la connaissance de l'âme de l'islam, ainsi que l'a vécue notre père Christian de Chergé. Il devient ensuite possible de cheminer avec les musulmans dans une réelle convivialité et une réelle proximité. Cette émulation mutuelle doit encourager l'autre à se laisser épanouir dans la lumière divine qui déjà l'habite et qui le travaille à l'intime. Ensemble, nous sommes plus forts pour creuser le puits en quête de l'eau vive dont tout homme, en secret, a soif. Un tel idéal de symbiose entre êtres différents pour réaliser une communauté humaine et fraternelle unie dans le respect des différences, peut très bien devenir un ferment contagieux, une vivante icône du Royaume. Voilà notre espérance... De la qualité de

cette relation entre chrétiens et musulmans, dépendra sans doute la paix dans nos sociétés actuelles.
Bien sûr, l'expérience que nous menons depuis douze ans à Midelt, dans la continuité de celle de Tibhirine, risque d'apparaître à certains comme une lointaine et douce utopie. Mais le fait d'en témoigner à travers ces modestes lignes est une manière de la rendre plus vivante et plus accessible, sans se dérober face aux difficultés, ni sombrer dans une naïveté handicapante. En France, certains adoptent parfois des positions crispées : « Dialoguer, cela est inutile quand l'autre ne veut rien savoir. » Une partie de la population française a peur d'être submergée. Nous vivons une époque où la mondialisation mélange les cultures et les religions. Rares sont les pays à échapper à ce brassage.
À juste titre, les musulmans de France peuvent être autorisés à construire des mosquées, parce qu'ils ont besoin de lieux de culte pour leurs fidèles, qui sont de plus en plus nombreux. Des catholiques vont rétorquer, à bon droit : « Et nous, chrétiens, avons-nous le droit d'édifier de nouvelles églises dans les pays musulmans ? » Chacun doit faire l'effort de regarder ce qui lui est autorisé par le pays dans lequel il vit, sans chercher à s'imposer au détriment de son voisin. Sinon, c'est à qui construira le plus haut clocher et le plus haut minaret, comme au Moyen-Orient. Cette course en avant n'a aucun sens. Elle s'écarte de l'esprit de Tibhirine. S'il faut être fort, c'est dans le dialogue, avec la volonté de découvrir ce qui est beau en notre prochain, pour provoquer, en réciproque, sa curiosité. C'est un travail exigeant. Nous devons accepter d'être perdants d'avance, comme le Christ. Il faut être fidèle

à Son exemple. Les résultats, il les espère pour après : « Si le grain ne meurt pas en terre, il ne porte pas de fruit. » Les chances de réussir sont plus élevées en tentant d'entreprendre quelque chose, avec l'aide de l'Esprit-Saint, qu'en restant les bras croisés à maugréer sur les défauts supposés de l'autre. Est-on sûr d'avoir toujours eu le courage d'entamer l'échange ? D'être toujours prêt à lier conversation avec bienveillance, sans a priori ? Il faut tenter la rencontre, sans la forcer, et sans en avoir peur.

Certaines des personnes que nous voyons parmi nos retraitants, ou avec lesquelles nous correspondons, nous font part, de temps en temps, de leurs réflexions. Elles évoquent des propositions concrètes pour essayer de surmonter les difficultés existantes. Il s'agirait, disent-elles, de former davantage à cette rencontre mutuelle en France, en développant ou en approfondissant les cours d'histoire des religions dans les établissements scolaires : « Ne serait-ce pas là un moyen de donner aux jeunes générations une meilleure connaissance de l'autre, dans le respect de la laïcité ? Pourquoi ne pas imaginer d'y joindre des cours sur la spiritualité de toutes les religions, sans faire primer l'une sur l'autre ? L'esprit humain a besoin, pour son équilibre, de transcendance. À l'État d'être vigilant pour qu'aucun culte ne soit, à cette occasion, tenté de faire prévaloir ses options, et pour qu'une liberté de parole équivalente soit accordée à tous. »

D'autres propositions, encore, sont avancées : « Pourquoi ne pas tenter de créer, en France, un monastère dans l'esprit de Tibhirine ? Il pourrait être implanté dans un quartier populaire, près de secteurs où les musulmans

sont majoritaires. Qui sait si une telle expérience ne serait pas propre à susciter des vocations ? Ce serait la meilleure réponse à apporter à ce fossé qui risque de se creuser entre deux cultures et deux religions. »
Il ne nous appartient pas de nous prononcer sur de telles idées. Le Seigneur en est seul juge. Nous aimerions juste dire que, si les forums islamo-chrétiens sont nécessaires, il est encore mieux d'agir à un niveau très simple : la convivialité et l'amitié valent tous les beaux discours. Ce sont les expériences vécues qui permettent de tisser des liens, au-delà des différences. Le bonheur est dans la relation – relation à l'autre et relation à Dieu. Il ne réside pas dans l'enfermement, la multiplication des loisirs et la recherche du gain, qui deviennent de l'oubli de soi, et non plus de la connaissance de soi. Dans cette perspective, « L'amour fraternel est un puissant levier pour sauver le monde », rappelait le cardinal Duval, archevêque d'Alger. C'était le programme merveilleux de notre monastère en milieu musulman à Tibhirine. C'est à présent celui que nous suivons à Midelt. Souhaitons-nous, à tous, semblable école de divine charité dans nos rapports quotidiens, en restant fidèles au Seigneur.

ÉPILOGUE

Retour à Tibhirine (juin 2012)

À mon arrivée à l'aéroport d'Alger, les douaniers ne se sont aperçus de rien. Coup de tampon sur mon passeport et *« yallah ! »* – « en avant ! ». Derrière moi, des touristes tentent de parlementer pour faire passer une paire de jumelles. Peine perdue. Le refus des fonctionnaires est catégorique : « matériel sensible ». Il sera consigné pour leur être restitué le jour du départ. Cette mésaventure arrivera à d'autres visiteurs, quelques jours plus tard. Je ne peux m'empêcher de sourire. « Au fond, c'est vrai, me dis-je, comment les deux petits morceaux de bois dissimulés au fond de ma valise auraient-ils pu éveiller le moindre soupçon ? » J'avais quand même prévu la parade, au cas où : « C'est du cèdre, pour protéger mes vêtements contre les insectes. »
Une semaine plus tôt, j'avais obtenu un visa inespéré pour l'Algérie. Un impératif – parmi d'autres – pour avoir quelque chance de décrocher ce sésame à 85 euros : éviter de dire son souhait d'aller à Tibhirine (encore que cela puisse parfois ne pas constituer un obstacle : tout dépend des circonstances). Seize ans après le drame qui a coûté la vie à sept moines français, ce lieu – et la parole des habitants qui vivent alentour – reste très surveillé par les autorités algériennes qui n'aiment guère que l'on s'y aventure seul.

Pour ma part, il n'était nullement question d'aller débusquer quelque scandale que ce soit. Si je voulais me rendre dans l'Atlas algérien, c'était simplement pour vérifier certains détails du récit de frère Jean-Pierre, me rendre compte de la géographie du monastère et boucler la boucle, en quelque sorte, de cette « enquête spirituelle » de dix-huit mois, en y accomplissant un geste symbolique. Je me suis donc plié à l'inconfort de cette « clandestinité » forcée et ridicule, qui oblige à rester discret et à mentir par omission, alors même qu'aucune intention malveillante ne nous anime – bien au contraire.
Le monastère est atteint après 90 kilomètres d'une route sinueuse et trop bitumée, par endroits aussi glissante qu'une patinoire. Le trajet dure environ une heure et demie au départ d'Alger, sauf embouteillages – et ils sont légion depuis deux ans, car les Algériens sont de plus en plus nombreux à s'équiper de voitures avec l'ouverture de concessions étrangères. L'escorte est obligatoire sur une partie de l'itinéraire ponctué de barrages « légers » de la gendarmerie, sachant que tout danger d'embuscade a disparu de cette région depuis une dizaine d'années. C'est le père Jean-Marie Lassausse qui me sert de chauffeur à travers les gorges de la Chiffa, encore marquées ici et là par les stigmates de la « décennie noire ». Ainsi, m'explique Jean-Marie, le train ne circule pas sur cet axe car les tunnels ferroviaires avaient été obstrués durant la guerre civile – et le sont restés après – pour empêcher tout « terroriste » de s'y dissimuler.
Notre véhicule arrive près de Médéa, à l'embranchement entre deux routes. « C'est ici que les têtes des moines auraient été retrouvées. Je dis "auraient" parce que dans cette histoire, on est vraiment sûr de rien. » Depuis

douze ans, ce prêtre ouvrier français au caractère bien trempé fait le voyage deux fois par semaine de la capitale algérienne vers l'ancien monastère de Tibhirine, dont le diocèse d'Alger est devenu propriétaire. Il y passe quatre jours à travailler avec deux associés musulmans qui étaient déjà liés avec les moines. « On m'a présenté comme le jardinier de Tibhirine, mais ça n'est pas ça du tout : je suis une sorte d'héritier des moines, chargé d'accomplir une transition des lieux vers quelque chose qui reste à définir… Le précédent archevêque d'Alger, Mgr Teissier, a contacté au total dix-sept communautés pour leur proposer de venir s'installer là. Les démarches n'ont pas abouti. Tout reste incertain et tout reste possible. Les visites successives de Nicolas Sarkozy, en novembre 2006, et du cardinal Barbarin, en février 2007*, ont été symboliquement fortes : aux yeux des Algériens, c'est maintenant vraiment un lieu catholique. » Par sa présence, Jean-Marie Lassausse permet à l'Église d'Algérie d'espérer, encore, un avenir, sous une forme ou sous une autre, pour l'ancien monastère.

En attendant que l'horizon s'éclaircisse, les occupations ne manquent pas. En juin, c'est la récolte du tilleul, vendu à une herboristerie de Médéa, la ville la plus proche ; c'est aussi la préparation des confitures (il s'en vend vingt-deux sortes) ; c'est enfin l'accueil des visiteurs, dont se charge, depuis décembre 2011,

* L'archevêque de Lyon s'était rendu à Tibhirine à l'initiative de l'imam Azzedine Gaci, recteur de la mosquée Othmane de Villeurbanne, en compagnie notamment de Kamel Kabtane, recteur de la grande mosquée de Lyon.

un couple de jeunes retraités d'Ille-et-Vilaine, Anne et Hubert Ploquin, venus épauler un Jean-Marie Lassausse très pris par les travaux agricoles (foins, labours, semailles, récoltes de fruits et de légumes...) et par d'autres activités (atelier de broderie féminine, soutien à l'école voisine). « Nous estimons avoir eu plus de 1 500 visites au monastère depuis mi-janvier, et dans un peu plus de la moitié des cas, ce sont des Algériens », rapportent Anne et Hubert. Comme Jean-Marie Lassausse, les Ploquin sont là aussi pour rafistoler ce qui peut l'être, dans cet immense monastère qui, à force de rester vide, tend à se dégrader à vitesse grand V. Dernièrement, ils ont repeint, avec l'aide d'amis français, le bureau du prieur Christian de Chergé et le scriptorium – Jean-Paul, un Français qui les avait précédés en 2011, s'était chargé des chambres des frères. Des habitants de Tibhirine ont également prêté leur concours pour l'entretien des portes métalliques de la clôture. « Il faudrait refaire les toitures et il y a régulièrement des problèmes avec les canalisations et les robinets : on arrive à empêcher que ça s'abîme davantage, c'est tout », détaille Hubert. L'onde de choc du tremblement de terre de 2003 à Boumerdès a aussi fissuré certains murs. Ici, tout paraît fragile et solide à la fois. Ce qui frappe, d'ailleurs, en arrivant à Tibhirine, c'est ce va-et-vient permanent entre inconfort et sérénité. Les abords des bâtiments sont surveillés de près par des gardes communaux qui accompagnent obligatoirement les visiteurs étrangers dans leurs déplacements à pied, à l'extérieur du site. Et pourtant, cela respirerait presque la liberté : la nature est splendide et le monastère, d'une beauté à couper le souffle. En se promenant dans les

allées, le long de la chapelle, un chemin conduit vers un parc aux conifères centenaires. Les senteurs sont extraordinaires. Le sol est parsemé de fleurs d'acacia aux odeurs insolentes de pots de miel. On n'entend que le pépiement des oiseaux et le clapotis de la source. Le coucher du soleil rougeoyant sur le massif de Tamesguida est encore plus impressionnant que n'importe quel autre en Afrique de l'Ouest. Mais c'est bien là, à Tibhirine, que sept trappistes français ont été enlevés, le 27 mars 1996. Deux mois plus tard, leur exécution était annoncée dans un communiqué attribué au Groupe islamique armé. Ce vide que les moines ont laissé derrière eux emplit tout. Les non-dits des Algériens, à Médéa et ailleurs, sont lourds de sens. Des habitants sont nombreux à détenir des informations sur l'enlèvement – les fruits paraissent presque mûrs, bientôt prêts à être cueillis. Ces témoins parleront, un jour, peut-être…
Au monastère, je pousse la porte de la porterie et en décroche le loquet : la poignée tourne dans le vide. C'est bien ce que frère Jean-Pierre m'avait raconté. Il était là, agenouillé dans le noir, plus de seize ans en arrière, quand les ravisseurs ont emmené ses frères. Aujourd'hui, son lit a disparu de la pièce : il y a quelques chaises et une grande table, avec une bible posée dessus à l'attention des visiteurs. La fenêtre protégée par des barreaux donne sur la petite porte noire du mur d'enceinte, par laquelle était entré l'homme au turban, armé d'une kalachnikov. Le temps semble s'être figé : le crucifix à l'intérieur de la porterie est en partie recouvert d'une toile d'araignée et, en le soulevant, on aperçoit une marque blanche qui montre qu'il n'avait sans doute jamais été déplacé depuis son

installation. La vue de cet objet me rappelle que le moment est venu de rejoindre l'atelier en sous-sol, avec mes deux planchettes en cèdre au fond de ma poche. Elles m'avaient été confiées à ma demande par Omar, l'ouvrier musulman du monastère de Midelt, par ailleurs très attaché au souvenir des martyrs de l'Atlas : « Ce bois, c'est le meilleur. On l'utilise pour nos charpentes car il ne peut pas être attaqué par les insectes et l'humidité ne peut le pourrir. » Frère Jean-Pierre avait pris ces planchettes dans ses mains avant mon départ du Maroc pour en humer la bonne odeur. L'atelier du monastère de Tibhirine est encombré d'un incroyable fatras d'outils hétéroclites. Frère Paul y bricolait ses installations hydrauliques ingénieuses pour le jardin. L'une de ses caisses de plombier est encore posée là. Il y a là tout un lot de scies à moitié rouillées. Je m'installe à l'établi mais les mâchoires de l'étau font de la résistance. Un vigoureux coup de paume de la main suffit à remettre le mécanisme d'aplomb. Trois bonnes heures seront nécessaires pour parvenir à usiner sept petites croix en bois de cèdre de l'Atlas. J'ai pensé à ce moment-là que si un jour l'échelle à double pente des soufis devait être fabriquée, elle le serait dans cette essence durable, dont le premier Temple de Jérusalem était lui aussi constitué. Mon travail est terminé. La sépulture des sept moines martyrs de l'Atlas se trouve à une cinquantaine de mètres de l'atelier, sous les cyprès. À un endroit secret, j'ai enfoui les sept petites croix taillées dans ce bois qui ne meurt pas. Ainsi, un morceau de Midelt restera pour toujours – *usque ad vitam aeternam* – à Tibhirine. Au nom d'Omar et des autres.

Les sept moines martyrs de Tibhirine

Père Bruno (Christian Lemarchand), supérieur de l'annexe de Fès, 66 ans
Père Célestin (Célestin Ringeard), 62 ans
Père Christian (Christian de Chergé), prieur de Notre-Dame de l'Atlas, 59 ans
Frère Christophe (Christophe Lebreton), 45 ans
Frère Luc (Paul Dochier), 82 ans
Frère Michel (Michel Fleury), 52 ans
Frère Paul (Paul Favre-Miville), 57 ans

Douze autres prêtres et religieux catholiques ont été tués entre 1993 et 1996 en Algérie.
La guerre civile a fait plusieurs dizaines de milliers de morts parmi les Algériens au cours des années 1990.

Plan du monastère de Tibhirine

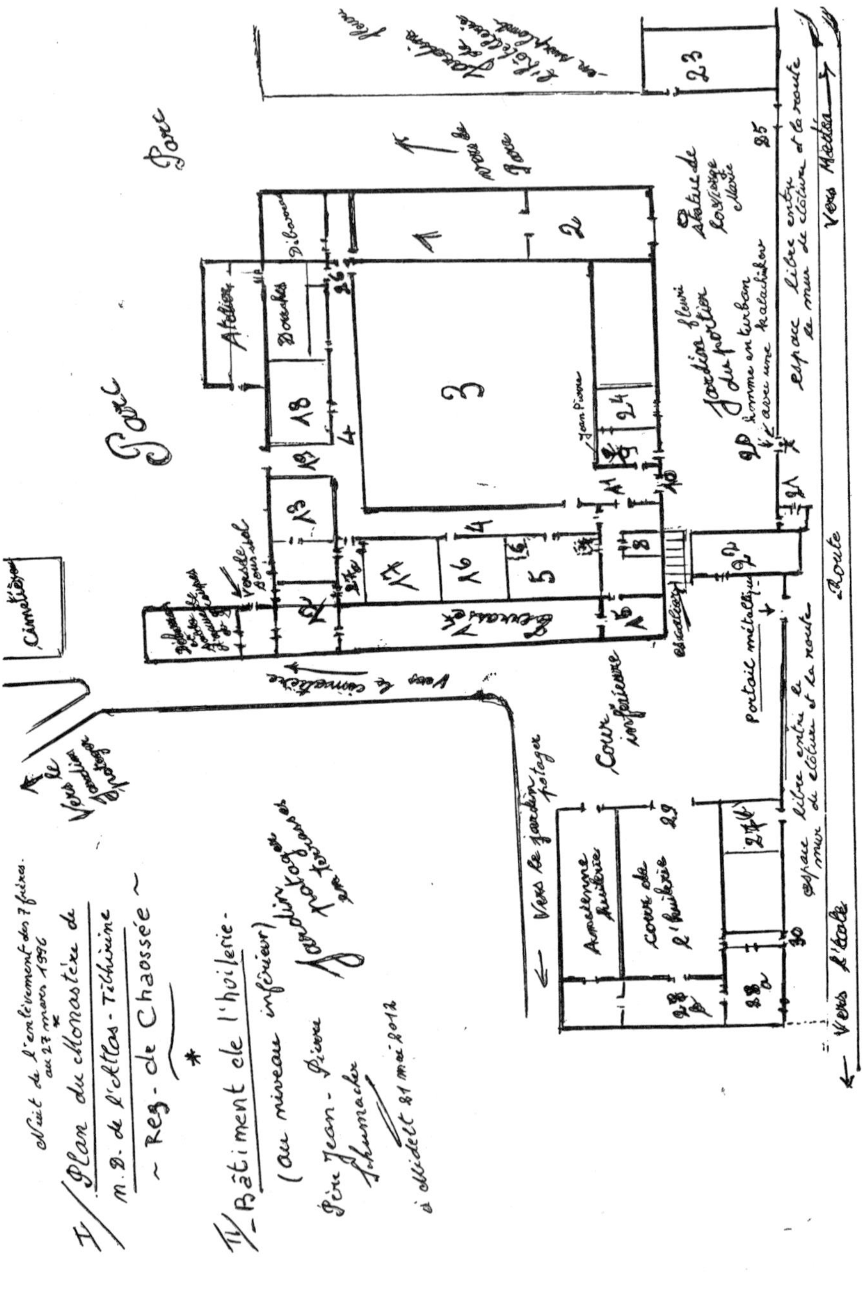

I et II

Références des Renvois chiffrés

du plan du monastère (Rez-de-chaussée) et Bâtiment de l'huilerie (étage inférieur) à l'

		15	Scriptorium = lieu de lecture - chaque religieux y a son bureau
1	Chapelle	16	Bureau du monastère
2	Chapelle = Hall d'entrée avec le portail donnant sur le jardin du portier	17	Réfectoire
3	préau avec la Tombe du P. Aubin et du Fr. Marcel ainsi que la croix de fondation en 1937	18	Sacristie
4	cloître	19	Couloir avec portail donnant sur le parc
5	Grande salle avec à gauche : chambre de Fr. Luc (n° 7) et celle de P. Amédée (n° 6) - dépôt des médicaments de Fr. Luc	20	petite porte métallique ouvrant sur la route par laquelle est entré l'homme avec turban ; c'est par là que les frères ont été emmenés.
6	chambre de P. Amédée	21	Dispensaire du Docteur (Fr. Luc)
7	chambre de Fr. Luc	22	P.M.I. { protection maternelle et infantile … devenu après fermeture, lieu d'accueil des Petites Soeurs
8	Bureau du P. Christian - Prieur.	23	Hôtellerie
9	Loge du portier (P. Jean-Pierre) { avec porte vitrée (à gauche) et fenêtre donnant sur le jardin et vers la porte (20) donnant sur la route	24	pièce d'accueil pour les visiteurs du monastère
10	Portail d'accès au monastère - C'est là que se trouvait P. Christian parlant avec ses ravisseurs.	25	portail de l'hôtellerie donnant accès vers le Parc.
11	couloir d'accès vers le préau	26	Accès du cloître vers la chapelle. Dans ce coin se trouvait le meuble de fiches de chant.
12	Chapitre - lieu de réunion de la communauté et Bibliothèque	27	Local servant de mosquée pour les voisins.
13	Cuisine	28 a et b	Logement du gardien / - 27(a) - couloir puis escalier conduisant à l'étage des cellules
14	Terrasse	29	Portail grillagé (1m 20 de hauteur) - n° 30 = Couloir donnant d'une part sur la route - d'autre part sur la cour de l'huilerie.

Monastère
M.-D. de l'Atlas
à Tibhirine
La nuit de l'enlèvement
des 7 frères le 27 mars 1996

III 1er étage - au-dessus de la cuisine
avec cellules des moines et chambres des hôtes masculins

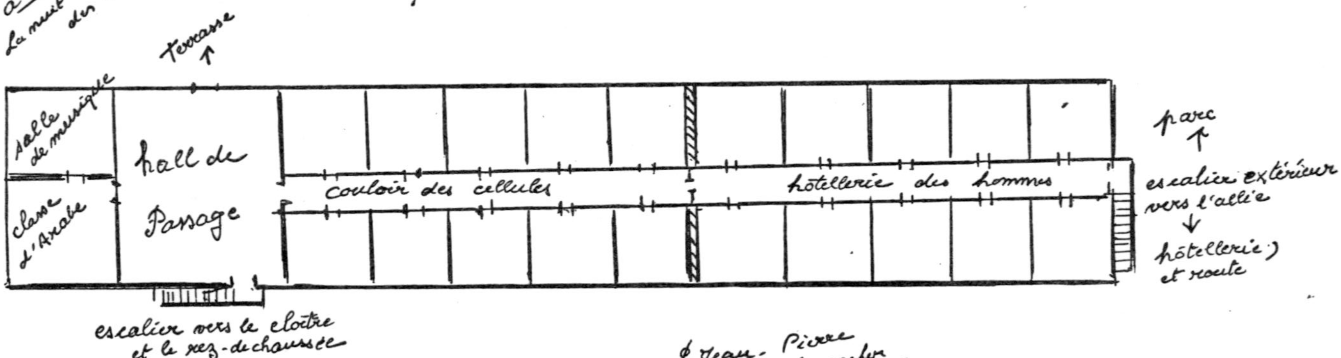

f. Jean-Pierre
Schumacher
21 mai 2012
Midelt.

Bibliographie et filmographie sélectives

Jean-Luc Barré, *Tibhirine. Une espérance à perte de vie*, Fayard, Paris, 2010

Christian de Chergé, *L'Invincible espérance*, Bayard, Paris, 1997

Christian Delorme, avec Antoine d'Abbundo, *L'Islam que j'aime, l'islam qui m'inquiète*, Bayard, Paris, 2012

Christophe Henning et dom Thomas Georgeon, *Frère Luc, la biographie. Moine, médecin et martyr à Tibhirine*, Bayard, Paris, 2011

Jean-Marie Lassausse, avec Christophe Henning, *Le Jardinier de Tibhirine*, Bayard, Paris, 2010

Jean-Baptiste Rivoire, *Le Crime de Tibhirine*, La Découverte, Paris, 2011

Emmanuel Audrain, *Le Testament de Tibhirine*, DVD Mille et Une/France 3 Ouest, 2006

Xavier Beauvois et Étienne Comar, *Des hommes et des dieux*, 2010

Silvère Lang, *Frère Luc, moine de Tibhirine. Jusqu'au bout de l'espérance*, Audiovisuel Musique Évangélisation, Lyon, 2003

Remerciements

La communauté Notre-Dame de l'Atlas remercie Nicolas Ballet et les Éditions du Seuil pour l'ouvrage *L'esprit de Tibhirine.*

Nicolas Ballet tient à remercier tout particulièrement pour leur confiance et pour leur collaboration : la communauté Notre-Dame de l'Atlas à Midelt et son prieur, le père Jean-Pierre Flachaire ; les sœurs franciscaines de Marie à Midelt et Tatiouine ; Montserrat Simon, provinciale des sœurs franciscaines de Marie en Algérie, en Libye et en Tunisie ; les familles des martyrs de l'Atlas (Annie Alengrin, Françoise Boëgeat, Élisabeth Bonpain, Hubert de Chergé, Annick Chessel et Pierre Laurent) ; Allaoui Abdellaoui ; la communauté de Grandchamp ; Jean-Marie Lassausse ; Anne et Hubert Ploquin.

Il tient aussi à remercier pour leurs conseils ou pour leurs encouragements : ses parents Marie-Ange et Jean-Louis ; sa sœur Elsa ; son frère Alexandre ; Laurent d'Ersu, Jérôme Doumeng, Vincent Geoffray, Antoine Glaser, Odile Morain, Marie-Charlotte Pezé, Audrey et Olivier Saison.

Il remercie *Le Progrès* d'avoir publié son enquête « Tibhirine : tous les chemins mènent à Lyon », en mars 2011, et exprime sa reconnaissance au jury du prix Varenne

de lui avoir attribué le 3e prix de la presse quotidienne régionale, qui a été une incitation supplémentaire à approfondir ce travail.
Sa gratitude va aussi à toutes celles et tous ceux qui ont, depuis cinq ans, contribué, directement ou non, à nourrir son travail sur les sujets ayant trait aux religions et au dialogue interreligieux, à Lyon, Paris, Jérusalem ou Fès, et en particulier : Philippe Barbarin, Benaissa Chana, Christian Delorme, Pierre Durieux, Vincent Feroldi, Azzedine Gaci, Kamel Kabtane, Régine Maire, Hafid Sekhri, Richard Wertenschlag et Michel Younès.
Il remercie enfin et surtout Hugues Jallon, Elsa Rosenberger et Marie Lemelle-Ligot pour le soutien constant et précieux qu'ils lui ont apporté durant la réalisation de cet ouvrage. Par son écoute, par ses encouragements et par son souci d'exactitude, l'éditrice Elsa Rosenberger, en particulier, a contribué à faire de ce texte ce qu'il est devenu. La délicatesse dont elle a fait preuve à l'égard de la communauté Notre-Dame de l'Atlas doit être ici soulignée.

Table

RÉALISATION : NORD COMPO À VILLENEUVE D'ASCQ
IMPRESSION : CPI FIRMIN-DIDOT AU MESNIL-SUR-L'ESTRÉE
DÉPÔT LÉGAL : SEPTEMBRE 2012. N° 108541 (114100)
Imprimé en France